Para rir e refletir

Para rir e refletir

Richard Simonetti

ISBN 85-86359-39-4

Capa: Milton Puga
Ilustrações: José Policena

13ª Edição • Junho • 2014
1.500 exemplares
37.501 a 39.000

Copyright 2002 by
Centro Espírita Amor e Caridade
Bauru • SP

Edição e Distribuição

CEAC
E D I T O R A

Rua 7 de Setembro 8-56
Fone/Fax (14) 3227-0618
CEP 17015-031 - Bauru - SP
e-mail: editoraceac@ceac.org.br
site: www.ceac.org.br

Catalogação na Fonte
do
Departamento Nacional do Livro

```
S598p
    Simonetti, Richard
       Para rir e refletir/Richard Simonetti. -
    Bauru, SP: Centro Espírita Amor e Caridade, 2002.
       168p. ; 21 cm

             ISBN 85-86359-39-4

       1. Espiritismo - Crônicas. I. Título.


                                    CDD:B869.8
```

Capa: Milton Puga

Ilustrações: José Policena

O homem bem compenetrado do seu destino futuro não vê na existência corpórea mais do que uma rápida passagem. É como uma parada momentânea numa hospedaria precária. Ele se consola facilmente de alguns aborrecimentos passageiros, numa viagem que deve conduzi-lo a uma situação tanto melhor quanto mais atenciosamente tenha feito os seus preparativos para ela.

Allan Kardec, questão 921 de
O Livro dos Espíritos

Para rir e refletir

Sumário

A didática do bom humor .11
Antes ou depois? 15
O sumiço de Deus 21
A sabedoria e o bom senso 25
O futuro da sogra 31
Estereótipos 37
Cavalo, quarenta e um 41
Vade retro 45
A besta do Apocalipse 51
Um legislador da pesada 57
O andar de cima 63
Fofoca histórica 67
Comeram a maçã 73
Sim, sim, não, não! 77
Ligar o desconfiômetro 83
Vai ter que ralar 89
Cabelos compridos 95
Ponham a mão! 101
É bom não ir 107

Para rir e refletir

Desamarrações 111
O melhor referencial 115
Do céu para a terra 121
A morte da gata 127
Tranqüilizantes 131
De papo para o ar 135
Bem longe 141
O espelho 145
Pecado 149
Neuroses 153
Chá da meia-noite 159

A didática do bom humor

O bom humor está em alta.
Pesquisas sugerem que rir é ótimo remédio para os males do corpo e da alma.
O riso franco, descontraído, eleva a serotonina, produzindo bem-estar.
Desopila o fígado, descontrai o cérebro, alivia o coração...
Há médicos incluindo boas risadas no receituário, a partir de livros, filmes, programas de televisão... qualquer diversão de caráter humorístico.
O riso faz esquecer os males da existência, estabelecendo abençoada pausa nas tensões diárias.
E melhor: ativa nossos mecanismos imunológicos, preservando a saúde, tanto quanto a tristeza, a angústia, o pessimismo os perturbam, favorecendo a enfermidade.

***

O bom humor também estimula o aprendizado.
Fatos pitorescos e histórias engraçadas descontraem, favorecem a atenção, arejam as idéias.
Faz parte da boa didática.
O professor eficiente sempre enxerta algo espirituoso em suas aulas, estabelecendo empatia com os aprendizes.

Tento fazer algo semelhante neste livro.

Com perdão da palavra, prezado leitor, tenho a pretensão de abrir o seu sorriso, a fim de enfiar-lhe goela abaixo, (mais exatamente, goela acima), alguns conceitos relacionados com a existência humana, à luz da Doutrina Espírita.

Sugiro que você o encare, em princípio, como um spa da alma.

Cada capítulo é leve repasto, com pitadas de bom-humor temperando alimentos dosados, fazendo-o, espiritualmente, mais leve e feliz.

Espero que você encontre motivos para o riso ao longo destas páginas.

E sorridente ficarei se souber que, de quebra, ainda aproveitou o conteúdo de esclarecimentos que tento aqui passar, numa visão otimista e animadora da jornada humana.

A experiência demonstra:

Enfrentaremos com melhor proveito e menor embaraço os desafios da Vida se guardarmos um sorriso nos lábios, ainda que trazendo espinhos no coração.

Bauru SP, dezembro de 2001.

14 | Para rir e refletir

Antes ou depois?

Um amigo, reservadamente, expôs-me insólita questão:

– Quando me recolho ao leito com minha esposa, dúvida atroz me perturba: devo orar antes ou depois de fazer amor? Se exercito a oração, o sexo parece-me sacrílego. Se começo pelo amor, sinto-me culpado, inibido como um menino que não consegue encarar o pai, porque fez travessura.

Temos aqui dois equívocos.

Primeiro:

Imaginar que sexo é sinônimo de pecado.

Trata-se de lamentável atavismo psicológico que remonta à Idade Média, quando os teólogos o situavam como algo proibido, sujo, indecente, animalidade pura! Sexo, ensinavam, somente para a procriação. Breve, burocrático, sem fantasias, sem corpos nus, sem carícias, sem sensualidade.

E advertiam:

– Cuidado com o prazer! Quanto mais intenso, maior o pecado!

Marido de mulher bela e atraente que se cuidasse. Corria o risco de arder no inferno!

E como não podiam proibir o sexo, sob pena de extinguir a espécie humana, tratavam de reduzi-lo ao mínimo.

Era proibido aos domingos, nos últimos meses de gestação, na amamentação, na menstruação...

As festas religiosas impunham prolongada abstinência: vinte dias antes do Natal, quarenta antes da Páscoa...

E sempre surgiam novidades restritivas, o que deixava pouco espaço para a comunhão carnal.

Quanto menos prazer, mais preservados os cônjuges.

Havia penalidades terríveis e assustadoras.

Limitações físicas e mentais, e doenças graves como a lepra e a tuberculose eram atribuídas à inobservância das regras.

Certa feita, uma mulher mostrou a São Gregório de Tours seu filho cego e aleijado.

Confessou, em lágrimas, atormentada pelo arrependimento, que o concebera num domingo, dia consagrado ao Senhor...

Para rir e refletir

Ah! Esses teólogos!...

***

Sexo, amigo leitor, é maravilhosa obra divina! Não fosse por ele, não estaríamos aqui, mergulhados na carne, em experiências compatíveis com nossas necessidades evolutivas.

Não há por que nos sentirmos culpados, ao exercitá-lo. A não ser que...

Aqui, caímos no segundo equívoco: Confundir amor com sexo.

É algo comum nestes tempos de liberdade sexual mal conduzida, transformada em libertinagem.

Quando alguém fala em *fazer amor* está restringindo o relacionamento amoroso aos órgãos genitais.

Como o amor é uma necessidade primária do ser humano, as pessoas empolgam-se com a atividade sexual, imaginando atender às suas aspirações afetivas.

E exercitam inventividade, quanto à forma, aos parceiros, aos estímulos – tudo para evitar a rotina, que esfria a relação.

Muitos acabam na promiscuidade e no adultério, na perversão e no desajuste, com funestas conseqüências.

Há uma lição elementar, que tardamos em assimilar:

Sexo é apenas parte do amor.

Por isso não deve vir antes dele, como quem

Para rir e refletir | 17

coloca a carroça à frente dos bois.

Quando o casal inicia um relacionamento pelo sexo, tende a envolver-se em impulsos passionais que inibem a razão e inspiram ardente anseio de acasalamento, sustentado por devaneios eróticos.

Mas a paixão arrefece, passa breve e desaba o encanto gerando frustrações, se não está presente o amor.

***

Amar é querer o bem de alguém, diferente do impulso passional que busca o próprio bem, a se expressar no prazer, sem cogitações mais nobres, sem perspectivas além da hora presente.

Por isso, a essência do amor está em trabalhar pela felicidade do ser amado.

É aquele *olhar juntos na mesma direção*, como explica Saint-Éxupery (1900-1944), quando ambos estão interessados em dar o melhor de si mesmos, cultivando atenção, respeito, renúncia, dedicação, valores que sustentam a estabilidade da parceria e o bem-estar dos parceiros.

Quando os cônjuges adotam essa postura, o sexo reduz-se à sua dimensão exata – valioso complemento da felicidade conjugal, aquele momento de intimidade em que se funde a comunhão espiritual com a conjunção física, em ternas emoções que transcendem o efêmero prazer carnal.

Para rir e refletir

Casais assim podem orar "antes" ou "depois", sem problema.

O sexo permanece santificado, no santuário do amor.

Para rir e refletir

O sumiço de Deus

Oito e dez anos, dois irmãos "do barulho". Invariavelmente, qualquer confusão na pequena cidade envolvia os pirralhos.

A mãe, preocupada com o futuro dos encapetados rebentos, pediu ajuda ao pároco.

O sacerdote, um homenzarrão de quase dois metros, forte e decidido, recomendou que os levassem à igreja, separadamente.

Primeiro o mais novo.

Fê-lo sentar-se na sacristia, sozinho, diante dele.

Para rir e refletir

Tratou logo de intimidá-lo, trovejando:
– Onde está Deus, menino?!
Encolhido na cadeira, o garoto contemplava pasmo, olhos esbugalhados, boca escancarada, mãos trêmulas, aquela montanha humana que rugia:
– Onde está Deus?!
Ante seu mutismo, o padre ergueu ainda mais a voz e, dedo em riste, bradou, tonitruante:
– Onde está Deus?!
Pondo-se a gritar, apavorado, o moleque fugiu em desabalada carreira. Direto para casa. Escondeu-se no armário, em seu quarto.
O irmão mais velho o encontrou.
Vendo-o pálido e agitado, perguntou o que acontecera.
O pobre, tentando recuperar o fôlego, gaguejou:
– Cara! desta vez estamos mesmo encrencados! Deus sumiu! O padre está dizendo que é arte nossa!

***

Essa história evoca um problema atual:
O sumiço de Deus.
Sabemos que é impossível.
Cérebro criador, consciência cósmica do Universo, o Criador está sempre presente, aqui, além, acolá, dentro de nós mesmos...
O que anda sumida é a percepção da imanência divina, que tudo sabe, tudo pode, tudo vê; que exercita infalível justiça, premiando os bons e corrigindo os maus.

Para rir e refletir

As pessoas não duvidam de sua existência, mas pensam e agem como se o Todo-Poderoso estivesse de férias. Crimes, roubos, vícios, mentiras, maldades, grandes e pequenos deslizes, em relação às leis divinas, são cometidos, incessantemente, sem que os autores se dêem conta de que estão sendo observados.

Daí a força do mal no mundo, embora sob controle do Supremo Bem.

***

Haverá substanciais mudanças no comportamento humano quando esse "sumiço" for resolvido.

Podemos fazer um teste em relação ao assunto.

Sugiro, leitor amigo, que, durante todo um dia, desenvolva suas atividades atento à presença divina.

Como agirá, considerando que Deus tudo vê, ante impulsos assim:

- Pronunciar palavrões.

- Alimentar devaneio lascivo.

- Buscar aventura extraconjugal.

- Mentir por conveniência.

- Cultivar indolência.

- Revidar ofensas.

Para rir e refletir

- Pronunciar crítica ferina.

- Disseminar fofocas.

- Satisfazer vícios.

Não se trata apenas de atentar ao juiz que julga nossas ações.

Há algo mais importante, em nosso benefício, quando nos conscientizamos da celeste presença. Temos em Deus:

- Alento nas dificuldades.

- Apoio nas lutas.

- Consolo nas dores.

- Remédio para os males.

- Solução dos problemas.

- Convite ao Bem.

Trazendo o Senhor para o nosso cotidiano, seremos mais comedidos, mais disciplinados, mais fortes, mais inspirados, mais felizes e confiantes.

Portanto, amigo leitor, uma sugestão:

Evitemos o sumiço de Deus!

A sabedoria e o bom senso

O sábio indiano passava com um discípulo, às margens do Ganges.
Em dado momento, viu um escorpião que se afogava.
Pressuroso, estendeu a mão e o retirou das águas.
Previsivelmente, o peçonhento deu-lhe uma ferroada.
Não obstante a dor, o sábio, cuidadoso e paciente, o depositou em terra firme.

Teimoso, o bicho voltou ao rio.
O discípulo, admirado, viu seu mestre salvá-lo novamente, submetendo-se a nova agressão.
O escorpião, que parecia orientado por vocação suicida, retornou às águas.
Repetiu-se a cena.
A mão do sábio intumescia, lancinante dor.
– Mestre – balbuciou, confuso, o discípulo – não estou entendendo. Esse escorpião o atacou três vezes e o senhor continua empenhado em socorrê-lo?!
Ele sorriu.
– Meu filho, é da natureza dele picar; a minha é salvar!

***

Grande sábio, não é mesmo, leitor amigo?
Se responder negativamente, concordo com você.
Faltou-lhe um componente essencial à sabedoria:
O bom senso, a capacidade de avaliar uma situação e fazer o melhor.
Se o exercitasse, simplesmente apanharia um arbusto ou vareta, recolheria o escorpião e o deixaria longe do rio.
Fácil, fácil, sem problemas, sem picadas, sem dores...

***

Camille Flammarion (1842-1925), famoso astrônomo francês, fazia o elogio fúnebre de Hippolyte León Denizard Rivail (1804-1869), emérito professor, imortalizado como Allan Kardec, o codificador da Doutrina Espírita.

Destacava que Kardec não fora reconhecido pelos homens de ciência, já que não colecionara títulos acadêmicos; mas muito mais que o simples saber dos que freqüentam as academias, revelara o atributo fundamental da sabedoria.

E o definiu em inesquecível epíteto:

Foi o *bom senso encarnado*.

***

Desde tempos imemoriais, os homens colhem experiências envolvendo o sobrenatural.

No histórico de qualquer família, infalivelmente, há notícias relacionadas com o assunto.

Em meados do século XIX, na França, estavam em efervescência fenômenos dessa natureza.

Eram mesas que se movimentavam e até se comunicavam, em insólita telegrafia, com pachorrenta indicação das letras do alfabeto, compondo instigantes diálogos com a madeira.

As pessoas divertiam-se, sem questionar como era possível um móvel, sem nervos e sem cérebro, exercitar o pensamento.

Usando de bom senso, Kardec concebeu, de

imediato, que havia seres inteligentes produzindo os fenômenos.

Imaginou, em princípio, fossem os próprios participantes a agir, inconscientemente, por artes de desconhecida província cerebral.

Para comprovar essa tese, preparou perguntas sobre assuntos que só ele conhecia.

A mesa respondeu com propriedade.

Certamente, sua própria mente interferia.

Formulou questões sobre assuntos que desconhecia.

A mesa, impávida, não vacilou.

Respostas absolutamente corretas.

Fosse um parapsicólogo, desses que abominam avançar além dos estreitos limites de suas convicções materialistas, certamente formularia hipóteses mirabolantes, relacionadas com um ser onisciente a dormitar nos refolhos da consciência humana. Um deus interior, capaz de responder a qualquer pergunta, ainda que a resposta estivesse num livro enterrado em recôndita região, no Himalaia.

Ocorre que Kardec não era simples "sábio".

Tinha bom senso.

Logo percebeu que, por trás daquelas manifestações, havia seres invisíveis, no mais vigoroso movimento jamais desenvolvido pelos poderes espirituais que nos governam, com o objetivo de combater o materialismo, estabelecendo uma ponte entre o além e o aquém.

Para rir e refletir

***

Descobrindo os Espíritos, os seres pensantes da criação, Kardec empolgou-se com as perspectivas que aquele contato oferecia.

Mas, cuidadoso, escreve, em *Obras Póstumas:*

Compreendi, antes de tudo, a gravidade da exploração que ia empreender; percebi, naqueles fenômenos, a chave do problema tão obscuro e tão controvertido do passado e do futuro da Humanidade, a solução que procurara em toda a minha vida. Era, em suma, toda uma revolução nas idéias e nas crenças; fazia-se mister, portanto, andar com a maior circunspeção e não levianamente; ser positivista e não idealista, para não me deixar iludir.

Isso é bom senso.

Sem ele, ficaremos sempre jungidos aos estreitos limites de nossa crença, engessados por princípios dogmáticos, como ocorre com muitos religiosos, que poderiam iluminar seu entendimento se tivessem o bom senso de avançar além das restrições que lhes são impostas.

Muitos se recusam a tocar um livro espírita, como se fora ameaçador escorpião.

Não aprenderam o elementar:

Escorpiões somos todos nós, dominados por tendências agressivas e viciosas, a nos debatermos nos turbilhões da ignorância.

Para rir e refletir | 29

Salva-nos o livro espírita, quando temos o bom senso de compulsar suas páginas luminosas.

O futuro da sogra

Um leitor revela suas dúvidas sobre a vida além-túmulo:

Tenho lido que a pessoa tende a ver-se em situações relacionadas à sua maneira de ser.
Fico pensando onde ficará, e o que verá, a mãe de minha mulher que, para minha desdita, mora comigo.
Induz-me a imaginar que feliz foi Adão – não tinha sogra.

Para rir e refletir

Varre a casa várias vezes ao longo do dia. Fica louca com pó nas estantes. Faca no lugar dos garfos, na gaveta, estraga o seu dia e, também, o nosso.

Não se pode comprar mais de dez pães – é exagero. Pão francês, dos pequenos. Se for grande, briga, não come, e vai reclamar dois dias.

Bate portas, dá indiretas e vive me cutucando. Briga por qualquer motivo e até sem motivo nenhum. Critica, bufa, suspira, faz ai-ai, embora viva a evocar Deus, pedindo calma, paciência e resignação!

Não pára por aí.

São numerosas as regras e freqüentes as brigas, por insignificâncias.

Um dia, para agradá-la, quis fazer surpresa.

Varri a casa, passei pano molhado no chão, depois pano seco para tirar o pó que restou (obrigatório). Limpei os móveis, arrumei a cama, passei, cuidadosamente, o pano no vidro da mesa – Deus nos acuda, se ficarem marcas de dedos!

Depois fiz o jantar, um espetáculo, por sinal, pois adoro cozinhar. Lavei a louça e deixei tudo em ordem.

A primeira coisa que ela notou, quando chegou, foi o pano de prato embolado na pia.

Foi a conta para estragar o jantar e os próximos dias.

Reclama que vou muito ao Centro Espírita. Considera-me uma porcaria de religioso, que não dá atenção à família, o que não é verdade.

Consola-me saber que é assim com outras pessoas. Não se dá com ninguém, nem com a filha e netos.

Para rir e refletir

Às vezes consigo que vá ao Centro. Toma passes, recebe ajuda, melhora um pouco, por alguns dias... Logo voltam as impertinências. Então, eu queria saber o que vai ser dela do outro lado.... O que vai ver, se aqui enxerga tudo torto, neurótica incorrigível?

***

Li, certa feita, a história de um rabi que teve treze filhos.
Houve um acidente e, tragédia inominável, todos morreram!
Ante a esposa em desespero, comentou, fervoroso:
– Tenha paciência, minha querida. Vamos corresponder à confiança do Senhor. Certamente nos ofereceu essa experiência como consolo para pessoas que enfrentam o drama da morte de um filho. Mirando-se em nosso exemplo, dirão: – Há quem passe por transe muito pior e, ainda assim, não perde a fé.
Algo semelhante ocorre com o prezado missivista.
Observando sua experiência, genros atribulados hão de se animar:
– Aleluia! Não está tão mal! Há sogras piores que a minha!
Estou brincando.
A avó de seus filhos há de ter virtudes, tanto quanto defeitos, como todos os seres humanos.

Para rir e refletir

Não há perfeição na Terra.

No livro *Boa Nova*, do Espírito Humberto de Campos, psicografia de Chico Xavier, Jesus diz algo que nos faz pensar:

O ser humano é mais frágil que mau.

É a nossa fragilidade que nos leva a um comportamento desajustado. Não percebemos que magoamos as pessoas e azedamos qualquer relacionamento.

Em última instância, criamos embaraços para nós mesmos, porquanto, agindo de forma desajustada, abrimos as portas às influências espirituais inferiores, que nos impõem perturbações e enfermidades.

Somos os primeiros a sofrer as conseqüências das mazelas que extravasamos.

Por isso, o Espiritismo ensina que devemos ser indulgentes com os outros, severos conosco.

Que perdoemos as impertinências alheias, a fim de não sintonizarmos com o mal, conservando a própria integridade. Mas jamais perdoemos as nossas, aprendendo a superá-las.

***

Nosso futuro espiritual, o que enxergaremos e como viveremos, não se subordina ao que vamos encontrar do outro lado da vida.

Depende de como iremos!

Para rir e refletir

Há Espíritos que fazem estágios de trabalho no Umbral, o purgatório espírita, ajudando os infelizes que lá estagiam. Acumulam créditos espirituais, habilitando-se à paz, mesmo em tão desolada região.

E há os que, não obstante acolhidos por piedosas organizações socorristas, sentem-se infelizes e perturbados, em face das idéias negativas que asilaram em sua mente e do comportamento desajustado.

Como ensinava Jesus – o Reino de Deus está dentro de nós.

O inferno também. Depende do que pensamos e fazemos.

Insistir na bondade, respondendo sempre ao mal com o bem, à agressividade com a mansidão, ao egoísmo com o altruísmo, é a melhor forma de conservarmos a estabilidade física e psíquica, ajudando aqueles que nos aborrecem a superar seus próprios desajustes, com a força do exemplo.

Assim, quando a morte nos conduzir de retorno à pátria espiritual, estaremos habilitados ao céu da consciência tranqüila, ainda que voltemos a conviver com impertinente sogra.

Para rir e refletir

Estereótipos

Naquele bar, um espelho mágico, destinado a testes femininos.

A mulher que mentisse diante dele sumiria, como num passe de mágica – "poof"!

Se falasse a verdade, seria premiada com a realização de um desejo.

Bela ruiva disse, a mirar-se:

– Pensando, cheguei à conclusão de que sou a mulher mais linda do mundo.
"Poof"!
Atraente morena, contemplando sua imagem, afirmou:
– Penso que sou a mulher mais sexy do mundo.
"Poof!"
Veio uma loira, muito bonita...
– Andei pensando...
"Poof!"

***

Pois é, leitor amigo, estamos diante de um estereótipo, ou lugar-comum, envolvendo uma idéia equivocada:
As loiras não estão acostumadas a pensar.
Atribui-se a Arthur Schopenhauer (1788-1860), filósofo alemão, um estereótipo mais contundente.
A mulher é esse ser de cabelos compridos e idéias curtas.
Maldade do filósofo.
Nem todas têm cabelos compridos...
Perdoe-me, prezada leitora.
Espero não perder sua amizade, por não perder a oportunidade da pilhéria.

***

Mudemos o enfoque.

Nota-se arraigada tendência em alguns religiosos: Enxergam, invariavelmente, influências demoníacas, em pessoas com problemas psicológicos e fisiológicos.

É o diabo! – afirmam, convictos, como se fossem dotados de infalível radar para detectar a presença do tinhoso.

Trata-se de um estereótipo da pior espécie, infundado, inspirado na ignorância e no preconceito.

Na ânsia de atrair a atenção da multidão, promovem verdadeiros espetáculos, em rituais de exorcismo.

Não raro, esse "diabo" que pretendem exorcizar é um "pobre diabo", um sofredor recém-desencarnado, sem a mínima noção do que lhe aconteceu.

Aproxima-se de familiares como um náufrago a pedir socorro e acaba por perturbá-los, imprimindo neles algo de suas angústias.

Precisa de ajuda, de orientação, de um tratamento carinhoso. Imagino sua perplexidade, diante de um exorcista a situá-lo como o tinhoso.

Para Espíritos de atilada inteligência, perfeitamente conscientes do que fazem e que nisso se comprazem, a prática exorcista é inócua. Desperta-lhes o riso.

Podem, eventualmente, afastar-se para satisfazer o ego dos exorcistas e baixar a guarda das vítimas, mas logo voltam ao ataque, com mais força.

Jesus evoca esse problema, quando situa o

Para rir e refletir | 39

Espírito perturbador como alguém que deixa uma casa (a mente do obsidiado); depois, volta com sete companheiros, e o estado da vítima fica muito pior.

***

Nessa história de influências espirituais é preciso evitar estereótipos dessa natureza, partindo da idéia mais compatível com a lógica e o bom senso.

Os Espíritos são as almas dos mortos. O mundo espiritual é uma projeção do mundo físico.

Aqui ficam aqueles que, libertando-se dos liames da matéria, permanecem presos aos interesses humanos.

Não raro aproximam-se dos encarnados para pedir socorro ou induzir ao erro, sempre de conformidade com suas próprias tendências.

Isso não deve nos assustar, nem nos ensejará problemas.

Basta orientar nossa existência por princípios de bondade e integridade, cultivando o estudo e o discernimento em relação ao assunto.

Teremos, então, condições para ajudar Espíritos perturbados ou perturbadores, sem sermos perturbados por eles.

Para rir e refletir

Cavalo, quarenta e um

Sonolento, mal desperto, o marido ouviu a mulher perguntar:
— Quarenta e um é cavalo?
— Não entendi...
— Quarenta e um é cavalo?
— Por que quer saber?
— Sonhei que um alazão me dizia: — Jogue no meu número, quarenta e um.

Para rir e refletir

– É minha idade... Ando escoiceando?!
– Não, meu bem, pelo contrário. Você é um amor! Sonhei mesmo. Talvez seja um convite da sorte...
– Bobagem. Nem sei se quarenta e um é cavalo.

Horas depois, o casal está no posto de gasolina, ao lado do supermercado. Ela pergunta ao frentista:
– O senhor sabe que bicho é quarenta e um?
– Cavalo.
– Meu Deus! Tem certeza?!
– Absoluta. Sempre faço minha fezinha.
Tanque cheio: quarenta e um litros.
Número da nota fiscal: final quarenta e um!
Entram no mercado.
Ele tropeça numa banca. Cai um tênis no chão.
Tamanho: quarenta e um!
Pagam a conta:
Quarenta e um reais!
Entreolham-se, excitados.
– Aqui tem coisa! – reconhece o marido.
– É a sorte, querido. Está acenando para nós. Não podemos deixar passar a oportunidade.

Procuram o bilheteiro que faz ponto no estacionamento do mercado.
– Queremos escolher um número.
– Não vai dar. Só tenho um bilhete.
– Qual o final?
– Quarenta e um.
Compraram o bilhete inteiro!

Era para resolver de pronto todos os problemas financeiros, garantindo futuro tranqüilo.

Para rir e refletir

À tarde, cheios de expectativa, acompanharam o sorteio pelo rádio.

Empolgados, ouviram o número do primeiro prêmio.

Nem sombra do quarenta e um!

Passou longe!...

Assim como eles, centenas de visionários que sonharam com um bicho ou um número, acompanharam com a mesma expectativa o sorteio, e também se decepcionaram.

Alguém ganhou, provavelmente comprando um bilhete de forma aleatória, do tipo "qualquer número serve".

***

Concebem, as pessoas que sonham com a sorte, que na extração de uma loteria possa haver a interferência de Espíritos, a seu favor.

Admitamos que o fizessem, por exercício de telecinesia do além, influindo no resultado.

Imaginemos milhares de mentores a disputarem o prêmio, interessados em resolver os problemas financeiros de seus pupilos.

Seria uma briga!

Ou será que submeteriam a um poder superior suas reivindicações, para decidir quem levaria a bolada?

Há quem suponha que o próprio Criador interfere.

Qual seria o divino critério?

Para rir e refletir

Merecimento, não é.
Há pilantras que ganham.
Necessidade, também não.
Gente rica costuma ganhar, até porque compra mais bilhetes.

Com elementar exercício de bom senso, chegamos a uma conclusão óbvia, amigo leitor:

Qualquer apostador poderá ganhar, atendendo ao fato de que alguém ficará com o prêmio, não por escolha ou determinação sobrenatural, mas conforme a velha lei das probabilidades.

***

Se esperamos pelos favores de Deus, de Jesus, dos protetores espirituais, saibamos que nos ajudam, sim, e muito!

Consideremos, entretanto, que o fazem de forma peculiar:

Não nos eximem de desafios e dificuldades, alavancas poderosas que nos salvam da inércia. Apenas nos inspiram a enfrentá-las com fortaleza de ânimo, a fim de conquistarmos um prêmio muito mais valioso:

Vencer nossas próprias limitações.

Vade retro!

Conta o pessoal da velha guarda, em Bauru, meu torrão natal, que na primeira metade do século passado havia um sacerdote decididamente empenhado em erradicar o Espiritismo de nossa cidade, onde fincara pé, a partir da fundação do Centro Espírita Amor e Caridade, em dezembro de 1919.

A par das diatribes contra a Doutrina Espírita, em suas homilias domingueiras, situando-a como iniciativa do demônio para infiltrar-se entre os incautos, costumava determinar que as procissões parassem em frente ao CEAC.

Então, espantosamente, exorcizava a respeitável

Para rir e refletir

instituição com gestos rituais e palavras pronunciadas em latim, do tipo *vade retro satane!*

Os fiéis persignavam-se, buscando proteção contra supostas investidas do tinhoso, desalojado de seu "reduto".

Os freqüentadores do Centro, quando presentes, contemplavam, perplexos e assustados, aquela incrível manifestação de intolerância religiosa. Temiam que algum crente mais afoito exercitasse atos de vandalismo, em nome da fé.

***

Os tempos mudaram.

O Espiritismo firmou-se.

Tem hoje milhões de adeptos, incontáveis simpatizantes e é respeitado, particularmente pela grandiosa obra social que realiza, atendendo à multidão aflita e sofredora.

Seus opositores, à exceção dos fanáticos de carteirinha, desistiram de vinculá-lo às artimanhas do demônio.

Impossível que satanás se voltasse contra si próprio, pondo-se a estimular a bondade.

Jesus, que enfrentou idêntica acusação de seus adversários, ensinou *(Mateus, 12:25-26):*

Todo reino dividido contra si mesmo acabará em ruína, e toda cidade, ou casa, dividida contra si mesma, não subsistirá. E, se Satanás expulsa a Satanás, está dividido contra si mesmo. Como, pois, subsistirá o seu reino?

Somente mentalidades retrógradas, que negam o que não conhecem e condenam o que não se dão ao trabalho de examinar, imaginam que o demônio dirige o Centro Espírita.

A propósito, leitor amigo, a Doutrina Espírita faz surpreendente revelação:

Demônios são apenas homens desencarnados ou as almas dos mortos, agindo no plano espiritual de conformidade com as tendências cultivadas na Terra, mas submetidos a leis divinas, que mais cedo ou mais tarde os conduzirão aos roteiros do Bem.

Para isso fomos criados e Deus não falha jamais em seus objetivos.

Saiba, leitor amigo, que o "demônio" até pode manifestar-se, eventualmente, no Centro Espírita.

Conduzido por mentores espirituais, comparece para receber ajuda, dentro da melhor orientação cristã.

Como ensinava Jesus, *os sãos não precisam de médico...*

***

Não obstante o progresso feito, há idéias equivocadas sobre o Centro Espírita, que limitam o seu alcance.

Pretende-se seja:

Para rir e refletir | 47

• Hospital para males físicos e psíquicos.

• Ambulatório de revitalização magnética.

• Gabinete de consultas espirituais.

• Caixa postal para correspondência do Além.

• Templo mágico para solução de problemas existenciais.

Pode ser isso tudo para o neófito, que busca ajuda.

Mas, para aqueles que procuram respostas aos enigmas da existência humana, sobrepõe-se a característica básica que deve nortear um Centro Espírita:

• Escola especializada em cursos avançados de vida.

Nela temos as lições fundamentais:

• De onde viemos.

• Por que estamos na Terra.

• Para onde vamos.

Para rir e refletir

Esse conhecimento envolve preciosas noções sobre as leis que nos regem:

• Reencarnação.
Transitamos, indefinidamente, por este chamado *vale de lágrimas*, em múltiplas existências, até atingirmos um estágio de evolução que nos permita viver em mundos mais aprazíveis.

• Causa e Efeito.
Colhemos, invariavelmente, as conseqüências de nossas ações, a fim de aprendermos o que devemos e o que não devemos fazer.

• Sintonia Mediúnica.
Somos conduzidos por influências espirituais, que podem nos elevar às alturas ou nos precipitar no abismo, sempre de conformidade com nossas tendências e iniciativas.

A partir desse aprendizado, descobrimos outra função para o Centro Espírita, além de escola:
• Oficina de trabalho.

Nela o esforço do Bem é o elixir mágico para todos os males e o melhor recurso para nossa comunhão autêntica com Deus.

Para rir e refletir

Para rir e refletir

A besta do Apocalipse

O Apocalipse (do grego apokalypsis, *revelação*), último livro da Bíblia, atribuído ao apóstolo João, está em evidência.

Segundo os teólogos, guarda em seus mistérios o que vai acontecer neste milênio, envolvendo o Juízo Final.

O texto é incrivelmente obscuro e tortuoso, repleto de simbolismos, metáforas e alegorias.

Para rir e refletir

É preciso obstinação para excursionar por suas páginas de conteúdo hermético, reservado aos iniciados. Mesmo estes não são unânimes em suas interpretações, feitas *à moda da casa*, segundo o gosto e o critério de cada um.

A figura mais notória do Apocalipse é a besta, que assume formas diversas e horripilantes.

Diz o autor no capítulo 13, versículos 1 e 2:

E eu vi subir do mar uma besta que tinha dez chifres e sete cabeças, e sobre os seus chifres dez diademas, e sobre as suas cabeças um nome de blasfêmia. A besta que vi era semelhante ao leopardo, e os seus pés como os de urso, e a sua boca como a de leão...

Nem o mais audacioso e imaginativo ficcionista conceberia semelhante criatura.

Segundo os entendidos, a bicha anda solta, fazendo estragos.

Imperioso identificá-la, até mesmo para que nos defendamos de suas chifradas.

Muita gente intenta fazê-lo.

Ao longo dos séculos, conforme os humores das pessoas e os interesses dos grupos, falou-se que a besta poderia ser o império romano, os judeus, a peste negra, a reforma protestante, o papado, os nazistas, a guerra, o sexo, a prostituição, a AIDS, o terrorismo...

Houve até quem afirmasse que a besta é a mulher, lembrando que foi ilustre representante do sexo feminino quem tirou o homem do paraíso, acenando-lhe

Para rir e refletir

com as perdições do fruto proibido...

Inominável injustiça contra as representantes do chamado sexo frágil, que nestes últimos séculos vêm lutando para ter seu lugar ao sol, superando a condição de meras serviçais e objeto sexual a que os homens, machistas incorrigíveis, as têm relegado.

Algum progresso foi alcançado.

Afinal, já não se discute, como na Idade Média o faziam os teólogos, se a mulher tem alma...

***

Se tanta gente dá palpites, também quero arriscar o meu.

Acho até que há uma pista, no mesmo capítulo 13, versículos 16 e 17:

E fez que a todos, pequenos e grandes, ricos e pobres, livres e escravos, lhes fosse posto um sinal na mão direita, ou na testa, para que ninguém pudesse comprar ou vender, senão aquele que tivesse o sinal, ou o nome da besta, ou o número do seu nome.

Está aí, amigo leitor!

A besta é o dinheiro!

Seu campo preferido, as bolsas; seu nome ou sinal, a ambição; o seu número, o telefone de acesso a esse mercado das arábias que gera e torra fortunas, a um simples comando, via Internet.

Com o incrível desenvolvimento dos meios de

Para rir e refletir

comunicação, capitais movimentando-se à velocidade da luz, entram nos países à procura de lucro fácil, gerando falsa impressão de estabilidade, e saem rapidinho, ao menor sinal de perigo, produzindo o caos em economias instáveis.

A besta é tão suscetível e volátil que um espirro da economia de um país faz desabar o preço das ações, mundo afora.

***

Mas, se bem analisarmos, perceberemos que o dinheiro é apenas uma das cabeças do monstro apocalíptico, que, usando uma expressão evangélica, *não está aqui, ali ou acolá.*

A besta mora no coração humano.

Chama-se *egoísmo.*

A preocupação exacerbada com o próprio bem-estar, a conjugação do verbo de nossa ação sempre na primeira pessoa do singular – *eu* –, gera todos os desajustes da vida familiar, profissional e social.

Derrotar essa besta é o grande desafio de nossa civilização, mais do que nunca controlada por ela, em face do desequilíbrio entre o superdesenvolvimento intelectual e o subdesenvolvimento moral, na atualidade.

É o campo propício para que o egoísmo faça estragos, semeando o desemprego e a fome, o desajuste e a enfermidade, a prepotência e a guerra, os vícios e as paixões, o desequilíbrio e a morte.

Isso é tão claro, tão óbvio nos textos evangélicos e particularmente na Doutrina Espírita, que dentro de alguns milhares de anos, analisando nossa passividade diante desse perturbador egocentrismo, concluirão os historiadores:

– Eram umas bestas!

Para rir e refletir

Para rir e refletir

Um legislador da pesada

Era temido legislador.
Instituiu castigos terríveis.
Pior: cometeu injustiças inomináveis, como se não soubesse o fundamental – a pena não pode ultrapassar a natureza do crime.
Dois homens se atracam.
A mulher de um deles entra na briga.
Estouvadamente pega nas *vergonhas* do adversário, mais exatamente o membro viril e acessórios.

Para rir e refletir

O caso vai parar na justiça.

É exarada a sentença, com base no código inflexível:

Que lhe sejam cortadas as mãos.

Cáspite! Isso é pura crueldade! Jamais um ato de justiça!

Certamente o leitor desavisado dirá:

– Legislador maluco!

Se você pensar assim, estará cometendo uma heresia, porquanto essa sentença está na Bíblia, no Velho Testamento *(Deuteronômio, 25:11-12)*.

É atribuída a Jeová, o deus judeu, promovido pelos teólogos cristãos a supremo senhor do Universo.

Por isso, fico pasmo quando se fala que a Bíblia é a palavra de Deus.

Literalmente está se pretendendo que o Eterno inspirou tais sandices.

Há outras preciosidades:

No mesmo capítulo, do citado *Deuteronômio (5-10)*, Jeová determina que se um homem morrer sem deixar descendência seu irmão deverá casar-se com a viúva.

Se recusar, será levado aos anciãos.

Se insistir em não cumprir seu dever, ela cuspirá em seu rosto, tirará as sandálias de seus pés e seu lar passará a ser a *casa do descalçado*. Diríamos do "desgraçado", certamente o mal menor, considerada a possibilidade de que a cunhada fosse mais velha, de parcos atrativos e fartas rabugices...

Para rir e refletir

Em *II Reis (2:23-24)*, crianças peraltas caçoaram da calvície do profeta Eliseu. Digamos que o provocaram gritando, a respeitável distância:
– Careca! Careca!
"Piedosamente", Eliseu evocou a ira divina sobre os pirralhos. Imediatamente Jeová providenciou o castigo: duas ursas saíram de bosque próximo e *despedaçaram quarenta e dois meninos*.
A agressividade do deus bíblico faz-se sentir em toda sua pujança, em *Josué (10:36-43)*:

Assim feriu Josué toda aquela terra, a região montanhosa, a Neguebe, as campinas, e as descidas das águas, e a todos os seus reis. Destruiu tudo o que tinha fôlego, sem deixar sequer um, como ordenara o senhor deus de Israel.

Esse *tudo o que tinha fôlego* abrangia homens, mulheres, velhos, crianças, animais, peixes, pássaros... todos os seres vivos!
Nem Hitler (1889-1945), Stalin (1879-1953) e Átila (406-453) juntos seriam tão cruéis.
Diz Mark Twain (1835-1910):

O que me incomoda na Bíblia não são os trechos que não compreendo. São justamente os que compreendo.

O notável escritor americano está certíssimo.
Impossível aceitar que tantas tolices, ingenui-

dades, sandices, maldades e violências possam ser atribuídas aos humores de um deus não muito certo do que faz e do que quer, tanto que, em dado momento, como está em *Gênesis*, capítulo 6, arrependeu-se de ter feito o Homem.

É isso mesmo, caro leitor! O Eterno decidiu acabar não só com a raça humana, mas com todas as formas de vida, promovendo um dilúvio universal.

Não fosse Noé cair em suas graças e receber autorização para construir a arca, certamente você não estaria lendo estas linhas.

Não quero sugerir que devamos menosprezar a Bíblia. Simplesmente, devemos colocá-la em sua dimensão exata: não um livro divino, mas um repositório das lendas, tradições e costumes do povo judeu.

Devemos analisá-la em seu contexto histórico, separando o joio do trigo, sem medo de descartar o que não receba a aprovação da razão.

Então aproveitaremos melhor a leitura, extraindo, tanto do Novo quanto do Velho Testamento, o que há de bom, produtivo e edificante, não a palavra de Deus, mas de homens que, em determinado momento, superaram as fragilidades humanas, oferecendo-nos *flashs* de espiritualidade.

***

Nesse contexto, o destaque está com Jesus, o único Espírito em trânsito pela Terra com elevação suficiente para situar-se em comunhão com Deus e nos oferecer uma visão mais ampla da vontade celeste. Revogando sutilmente tudo o que até então se atribuíra ao verbo divino, Jesus sintetiza a orientação ideal em dois mandamentos singelos, suficientes para edificar o sonhado reino divino, de justiça, paz e concórdia entre os homens:

  O amor a Deus acima de todas as coisas e ao próximo como a nós mesmos.

Para rir e refletir

O andar de cima

Conta-se que a mãe de São Pedro era extremamente zelosa de seus haveres.
Vivia, digamos com o devido respeito, comprometida com a sovinice.
Embora se trate de um pecado capital, desses passíveis de remeter o indigitado para as caldeiras do pedro-botelho, foi piedosamente encaminhada a ameno estágio no purgatório, talvez por deferência ao seu ilustre filho.

Para rir e refletir

Não obstante, o santo sofria com a situação.
Precursor do *jeitinho brasileiro*, apelou para Jesus, pedindo-lhe que a transferisse para o "andar de cima".
O Mestre dispôs-se a atender, mas era preciso cumprir básico requisito:
Descobrir se alguma vez, ainda que remotamente, ela "emprestara a Deus".
Traduzindo:
Exercitara a fraternidade? Doara algo a alguém, ao longo da existência?
O apóstolo deu tratos à bola, na ingrata tarefa de descobrir um gesto de legítimo desprendimento por parte da querida genitora, de índole boa, mas relutante em "abrir a mão", quando solicitada.
Espremendo os miolos, lembrou-se.
Certa feita, ajudara uma vizinha.
Dera-lhe um ramo de salsa.
Era muito pouco, mas, com sua infinita generosidade, Jesus deu-se por satisfeito.
Recomendou:
– Estenda-lhe esse raminho. Que ela se agarre nele.
Animado, o apóstolo cumpriu a orientação.
A matrona começou a subir...
Ocorre que a planta era frágil.
Já às portas celestes, administradas pelo filho, rompeu-se a salsa, deixando-a nas adjacências.
Diria o poeta:
Livrou-se do purgatório,
Mas o Céu não alcançou,

Para rir e refletir

A flutuar no espaço ficou.

***

A história inspirou um adágio popular. Quando alguém se sente desarvorado, sem ponto de apoio, sem direção, diz-se:

Está como a mãe de São Pedro.

Pessoas assim, longe de constituir exceção, representam a maioria.

Muitos querem o céu interior – paz, saúde, alegria...

Concebem conquistá-lo integrando-se em atividades religiosas, envolvendo ritos e rezas, ofícios e oficiantes.

Ocorre que esses liames com o Céu são frágeis como um ramo de salsa. Não resistem às agruras da Terra, com seu cortejo de dores e problemas.

É preciso usar material mais consistente, a partir da disposição em aderir plenamente aos princípios de sua crença, ultrapassando a débil superficialidade. Participar mais assiduamente, colaborar mais ativamente, trabalhar mais intensamente em favor da própria renovação.

Vacilam, porque isso tudo implicaria na renúncia ao imediatismo terrestre, às tendências egocêntricas, aos prazeres sensoriais, às experiências passionais e, sobretudo, ao comodismo e à indiferença que marcam o comportamento humano.

Por isso, pairam sem rumo e sem estabilidade. Rompendo-se facilmente as frágeis convicções a que se agarram, flutuam na incerteza, perdidos na vacuidade existencial.

***

Para atingir os páramos celestes, recôndita região na intimidade da consciência, onde encontramos as benesses divinas, é preciso muito mais.

Fundamental eleger o espírito de serviço como inspiração de nossas vidas, a partir da regra áurea ensinada por Jesus (*Mateus, 7:12*):

Tudo o que quiserdes que o próximo vos faça, fazei-o assim também a ele.

Então, sustentados por asas de virtude e merecimento, não haverá problemas.

Atingiremos, facilmente, o "andar de cima".

Para rir e refletir

Fofoca histórica

Teodora (500-548), esposa de Justiniano (483-565), tinha birra da reencarnação.

Jovem da classe pobre, fora cortesã antes que o imperador se empolgasse por sua beleza. Paixão fulminante, que a promoveu à mulher mais poderosa do império.

Por isso mesmo, julgava absurdo sujeitar-se ao ciclo das vidas sucessivas, a fim de habilitar-se ao paraíso.

Mais razoável uma transferência imediata,

Para rir e refletir

consideradas as prerrogativas de sua posição.

Assim, sob sua inspiração, Justiniano escreveu um tratado contra a reencarnação e determinou que o patriarca de Constantinopla reunisse um sínodo, em 543, para proscrevê-la.

Posteriormente, essa condenação foi apoiada pelo Papa Virgílio e demais patriarcas da Igreja.

A influência de Teodora será, talvez, mera fofoca histórica, mas é significativo constatar que até o século VI a idéia da reencarnação era aceita por boa parte dos teólogos, destacando-se Orígenes (185-254) e Clemente de Alexandria (150-215).

***

A proscrição atendeu a motivo mais prosaico:

A partir da institucionalização do Cristianismo, atrelado ao carro do poder temporal, o Céu passou a ser uma concessão da fé.

Em tal contexto, não havia lugar para a reencarnação, que substitui a salvação pela evolução, ensinando que todos temos uma meta a atingir – a perfeição, a partir do esforço pessoal, independente dos favores de uma religião.

Não obstante, qualquer leitor atento do Novo Testamento perceberá que Jesus e seus discípulos admitiam as vidas sucessivas.

A idéia está muito clara em várias passagens, dentre elas:

• Atendendo uma indagação de Jesus, os discípulos dizem que o povo julgava fosse ele Elias, Jeremias ou outro profeta *(Mateus: 16)*. Evidente que se aceitava a reencarnação na comunidade judaica.

• Jesus se refere a João Batista como a reencarnação de Elias, *(Mateus:11)*. Diziam as escrituras que o profeta voltaria para anunciar o Messias.

• Jesus diz a Nicodemos que é preciso nascer de novo para ganhar o Reino de Deus *(João:3)*. E explica como é possível "*entrar de novo na barriga da mãe*", segundo a expressão de seu interlocutor.

• Os discípulos indagam, diante de um cego de nascença, quem pecou para que isso acontecesse *(João:9)*. A pergunta não teria sentido se não admitissem a anterioridade da vida física.

• Jesus refere-se aos que *não podem mais morrer* *(Lucas:20)*. Só é possível "remorrer" vivendo mais de uma vez.

• Jesus curou um homem paralítico há 38 anos e lhe recomendou que não pecasse mais para que não lhe sucedesse pior *(João:5)*. Se a expectativa de vida não chegava a meio século, como justificar tão longo sofrimento por falta cometida em inimputável infância ou adolescência?

***

Para rir e refletir

Se no passado aconteciam interpolações, supressões e adulterações nos textos evangélicos, precariamente preservados, por que os teólogos não eliminaram a idéia reencarnacionista, claramente enunciada no Novo Testamento?

É simples entender.

Até o século IV, havia uma quantidade imensa de textos apócrifos, legitimidade duvidosa – Evangelhos de Pedro, Maria, Paulo, Felipe, Bartolomeu, Tiago...

O papa Dâmaso (304-384) decidiu, então, convocar um monge de grande cultura, Euzébio Jerônimo (347-420), que deveria efetuar a tradução da Bíblia para o latim, selecionando, no Novo Testamento, os textos de autenticidade não questionada. Surgiria dali a Vulgata, a versão oficial da Igreja Católica.

Ocorre que Jerônimo, presumivelmente reencarnacionista, conservou as passagens que lhe faziam referência.

Perto de um século e meio depois, quando se pretendeu eliminar a reencarnação, estavam consolidados os textos da Vulgata e já não era possível mudar.

Isso obrigou os teólogos a raciocínios tortuosos para explicar textos que ficam obscuros e sem sentido, se não admitirmos as vidas sucessivas.

Daí a contradição:

Nega-se a reencarnação, mas ela está presente no Evangelho.

Equivale a tapar o sol com a peneira.

Para rir e refletir

De todas as distorções cometidas na Idade Média, a eliminação do princípio reencarnacionista foi, talvez, a mais grave.

Sem essa base fundamental para melhor compreensão da justiça divina, os teólogos perderam-se em fantasias escatológicas, que exigem boa dose de ingenuidade para serem aceitas.

***

A reencarnação é uma lei divina.

Conseqüentemente, mais cedo ou mais tarde todas as religiões acabarão por assimilá-la, assim como se viram forçadas a admitir que a Terra não é o centro do universo, ante o avanço inexorável do conhecimento humano.

Se não o fizerem, serão atropeladas pelo desenvolvimento da cultura reencarnacionista, que tem no Espiritismo seu representante maior.

Não há como nos furtarmos ao óbvio:

O princípio das vidas sucessivas é a chave indispensável para equacionar os enigmas da Vida, sem fofocas!

Para rir e refletir

Para rir e refletir

Comeram a maçã

Professora:
– Que pecado cometeram Adão e Eva?
Adolescentes, em coro:
– Comeram a maçã...
– O que querem dizer?
Sorrisos maliciosos...
– Ninguém sabe?
Alguém:
– Transaram no paraíso!
Risos...

Para rir e refletir

– Quem foi o atrevido?
Mais risos...
Fim da aula.

***

Pois é, amigo leitor, já não se faz alunos como antigamente.
São uns abusados.
A moçada é dotada de uma audácia que transborda em atrevimento.
Atrevimento e... ignorância!
Qualquer pessoa medianamente informada sabe que o pecado cometido por Adão e Eva não foi de ordem sexual.
Não há a maçã no texto bíblico.
O casal provou, indevidamente, o *fruto da árvore da ciência do Bem e do mal*.
Poderiam até "transar" no paraíso, desde que jamais ousassem buscar o conhecimento.
Se apreciarmos o Gênesis em seu sentido literal, concluiremos que Deus privilegia a ignorância.
Imaginemos um pai, ordenando a seu filho:
– Enquanto permaneceres bronco e analfabeto, terás tudo em minha casa. Atreva-te a exercitar os miolos e imediatamente te expulsarei!
Coisa de troglodita!
Não obstante, o texto bíblico faz sentido quando o situamos por sugestiva alegoria.
Como foi demonstrado por Darwin, o Homem é

fruto da evolução dos seres vivos que, em lenta progressão, a estender-se ao longo de milhões de anos, atingiram a complexidade necessária para ensaiar o pensamento.

Enquanto espécie inferior, nos domínios da irracionalidade, era orientado pelo instinto.

Permanecia integrado na Natureza.

A partir do momento em que símios antropóides desceram das árvores e experimentaram vislumbres de consciência, iniciando-se nos domínios do pensamento contínuo, começou a grande aventura humana.

Aqueles seres primitivos, até então contidos nos limites impostos pela inconsciência, ensaiavam sua própria orientação.

Exercitando o livre-arbítrio, deixavam o "paraíso" e se aventuravam pelos pomares da Vida, colhendo o conhecimento nas árvores da experiência.

Não mais meras criaturas, mas filhos de Deus, em busca de sua gloriosa destinação.

***

É bastante significativo o castigo imposto a Adão.
Ganhar o pão de cada dia com o suor do rosto.
Até então, a Mãe Natureza provia suas necessidades.
Agora, ele passava a depender de sua própria iniciativa.
Embora não concorde o indolente, esse "castigo"

Para rir e refletir | 75

situa-se como uma bênção.

O trabalho é lei da vida, um notável instrumento de progresso instituído pela sabedoria divina, a favorecer o desenvolvimento de nossas potencialidades.

O trabalhador não apenas garante a subsistência, como disciplina o pensamento, assimila conhecimento e aprimora a inteligência.

Entre o bruto das cavernas, de parcas possibilidades intelectuais, e o homem atual, capaz de desvendar os mistérios do Universo, há um ingrediente mágico que operou a notável evolução – o trabalho.

Se soubesse disso, a professora não se ofenderia com a petulância da classe.

E deveria conhecer o elementar:

O melhor recurso para lidar com a ignorância atrevida é impor-lhe o "castigo" de aprender.

Sim, sim, não, não!

O prezado leitor, certamente, conhece a história daquele homem que se gabava de viver "às mil maravilhas" com mulher e filhos.

Um amigo, que sabia de coisas por ele ignoradas, recomendou-lhe testasse os familiares anunciando a cada um, enfaticamente:

– Eu sei de tudo!

Assim fez.

Ante a afirmativa peremptória, todos mostraram a face oculta.

Para rir e refletir

A esposa estava enrolada no Banco.
O filho consumia drogas.
A filha praticara um aborto.
A sogra o difamava.
A doméstica o roubava.
Quase "fundiu a cuca" ao perceber que estava mergulhado num oceano de falsidades.

***

É a imaturidade que leva o indivíduo a mentir.
Falta à verdade para tirar vantagem, furtar-se às suas responsabilidades, livrar-se de seus problemas...
É típico de nosso povo. Não obstante a índole fraterna e boa, está sempre disposto a burlar os regulamentos e infringir a lei, em iniciativas que a sabedoria popular define como o "jeitinho brasileiro".

Mas, antes de constituir característica de uma nação ou de uma raça, a mentira exprime tendência inerente à Humanidade, no estágio de evolução em que nos encontramos.

Por isso, o profeta Isaías enfatizava que todo homem é mentiroso.

Reporta-se, obviamente, ao ser humano, porquanto também as nobres representantes do sexo feminino fazem das suas.

Dizem as más línguas que as mulheres aprendem a chorar para que as pessoas acreditem em suas lorotas.

***

Para rir e refletir

A mentira está na raiz de todos os males, estendendo-se como erva daninha no relacionamento social.

Filhos dela, instrumentos de auto-afirmação social e profissional, temos a bajulação, a calúnia, a demagogia, a hipocrisia, a maledicência...

E não é novidade que alguns dos melhores propagandistas e vendedores dos produtos de consumo são incríveis mentirosos, hábeis na arte de iludir os incautos com sua falácia.

A rainha desse engodo é a televisão. Montada sobre objetivos mercantilistas, condiciona nossos hábitos, nossas iniciativas, nossa maneira de viver...

Ante a sutileza da técnica de envolver e das imagens condicionantes, operam-se prodígios.

Produtos de duvidoso valor nutritivo aparecem como fontes de vitalidade.

Substâncias inócuas transformam-se em panacéias, capazes de resolver variados problemas de saúde.

Lojas que exploram a bolsa do povo são exaltadas como o paraíso da economia.

O pior está nos comerciais do cigarro, apresentados com tais requintes que convencem os incautos de que fumar dá *status*, torna o indivíduo atraente, viril, campeão do sucesso, capaz de desfrutar plenamente as delícias da vida.

"Entre para o mundo de ..." – diz a propaganda famosa, que nos apresenta belos cavalos, fazendas magníficas, prados verdejantes, homens viris, belos e

Para rir e refletir

felizes, a fumar tranqüilamente, passando a falsa idéia de que fumar é tudo isso.

Deveriam incluir alguns asnos, a representar os incautos que embarcam nessa criminosa impostura.

***

Observe algo significativo, amigo leitor: todo o mal no Mundo está associado à mentira! Pudéssemos eliminá-la e estaríamos às portas do Reino Divino. Sem ela, não haveria adultério, estelionato, roubo, corrupção, políticos venais, comerciantes desonestos, atletas drogados...

Para que nos disponhamos a esse esforço é preciso admitir que, longe de resolver os nossos problemas, a mentira apenas os transfere, em regime de débito agravado.

Podemos mandar dizer ao credor que não estamos em casa, mas ele voltará, com juros acrescidos.

O mentiroso torna-se escravo da mentira. Para sustentar a falsidade inicial é obrigado a mentir sempre, comprometendo-se moral e espiritualmente.

No tesouro de minhas recordações mais ternas da infância, há a figura de Pinóquio, boneco feito gente, cujo nariz crescia desmesuradamente, sempre que mentia.

Evidente que o apêndice nasal não se altera quando faltarmos à verdade. Se acontecesse, raros evitariam narigadas.

Não obstante, desajusta-se o nosso psiquismo,

Para rir e refletir

situando-nos à mercê de influências inferiores.

Em nosso próprio benefício, portanto, é recomendável cultivar a verdade, sustentando um comportamento compatível com a recomendação de Jesus *(Mateus, 5:37)*:

Seja o vosso falar, sim, sim, não, não!

Ainda que em princípio nos julguemos em desvantagem, num mundo onde raros não mentem, conquistaremos algo de valor inestimável, sem o qual é complicado conviver:

A confiança das pessoas.

Para rir e refletir

Ligar o desconfiômetro

Durante três décadas, participei de um grupo de visitação a hospitais.

Levávamos uma palavra amiga, particularmente aos enfermos solitários, tão carentes de calor humano.

Freqüentemente, topávamos com pessoas vitimadas por facadas, tiros, socos, pontapés...
Jamais encontramos alguém disposto a assumir alguma culpa. Eram sempre vítimas.
Iam passando...
Apartavam uma briga...
Sofreram um assalto...
O mesmo ocorre nas prisões.
Sentenciados proclamam-se injustiçados, vítimas da polícia, dos promotores e magistrados...

Acontece com os piores facínoras.
Criminosos notórios por suas maldades, do tipo Adolf Hitler (1889-1945), Joseph Stalin (1879-1953), Saddam Hussein (1937), Slobodan Milosevic (1941), Osama bin Laden (1957), responsáveis por atrocidades abomináveis, julgam-se pessoas maravilhosas, nobres idealistas, santos missionários!
Trazem o "desconfiômetro" desligado.
Possuem uma visão glamourizada de si mesmos.
Enxergam o mundo por lentes egocêntricas, incapazes de reconhecer suas mazelas e a perversidade que lhes marca o comportamento.

***

Não se trata de uma deficiência isolada, mas de uma tendência globalizada.
Como o egoísmo é a inspiração das ações humanas, tendemos a ver o mundo pela ótica de nossos desejos

Para rir e refletir

e interesses, comprometendo-nos em desvios de comportamento e desajustes, sem nos darmos conta disso.

- O viciado não reconhece sua dependência.
- O adúltero reclama insatisfação conjugal.
- O assaltante alega lutar pela sobrevivência.
- O maledicente imagina defender a verdade.
- O usurário pretende ser econômico.
- O ditador julga-se um missionário.

Falta-lhes um referencial, algo que lhes permita distinguir o certo do errado, o justo do injusto...

***

O Evangelho é, sem dúvida, o código celeste que sinaliza a melhor atitude, o comportamento ideal.

Há um problema:

Tendemos a examiná-lo também pela ótica de nossos interesses e limitações, distorcendo-o ao sabor de nossas conveniências.

Um pregador exaltava o perdão como virtude cristã essencial à nossa estabilidade íntima.

E citava Jesus, em Mateus, 5:39:

– *Eu, porém, vos digo: Não resistais ao mal que vos queiram fazer. Se alguém vos bater na face direita, oferecei-lhe a outra.*

Mal terminara a leitura, um homem aproximou-se e deu-lhe valente tapa no rosto. Sentindo-se testado, nosso herói moveu lentamente a cabeça, oferecendo-lhe a outra face. O impertinente o esbofeteou novamente.

Eis que se deu o inusitado: o pregador pulou em cima do agressor, derrubando-o e desferindo-lhe uma saraivada de socos e pontapés.

Contido e questionado pelos fiéis, explicou:

– O Evangelho manda que ofereçamos a outra face a quem nos bate. O que acontece depois, se ele reincide, é por nossa conta! Entendi que aquele atrevido precisava de uma lição.

Levando a orientação evangélica ao pé da letra, segundo suas conveniências, não entendeu que Jesus usava uma imagem forte para demonstrar que jamais devemos revidar ao mal com o mal.

Razoável que contenhamos o agressor, mas inconcebível, à luz do Evangelho, que desçamos à agressividade.

***

A Doutrina Espírita situa-se como poderosa lente, permitindo-nos uma visão mais clara e incisiva dos valores evangélicos.

Para rir e refletir

Nas manifestações dos chamados Espíritos sofredores, em reuniões mediúnicas, vemos o que nos aguarda na espiritualidade.

Por mais parcial e benevolente seja o julgamento que fazemos de nós mesmos, é impossível nos furtarmos à comparação com aqueles que nos antecederam.

Colhendo as conseqüências de mazelas e imperfeições que cultivaram na Terra, representam o nosso futuro, o que nos espera, se insistirmos em idêntico comportamento, induzindo-nos a uma providência elementar e altamente salutar:

Ligar o desconfiômetro!

Para rir e refletir

Vai ter que "ralar"

Perguntam minha opinião sobre movimentos carismáticos e pentecostais, que atraem multidões com práticas religiosas inusitadas:

• Exercícios físicos e danças permeando o culto. A aeróbica do Senhor.

• Substanciais contribuições pecuniárias. Jesus, o caminho. Doações, o pedágio.

Para rir e refletir

Considerando o respeito devido à liberdade de consciência, não há por que criticar os que buscam a realização de seus anseios de felicidade e paz, integrando-se nesses segmentos religiosos.

Preferível estar no interior das igrejas e templos do que consumir pinga no bar, exercitar promiscuidade sexual, futricar a vida alheia, lesar o próximo...

Quanto mais gente ligando-se à religião, menos gente comprometendo-se com o erro, o vício, o crime...

O perigo está no fanatismo.

Este é terrível!

Gera lamentável discriminação, com a falsa idéia de que determinada seita detém o monopólio da verdade e que as demais devem ser veementemente combatidas, até mesmo com o exercício da força, como ocorre, ainda hoje, em alguns países.

Felizmente, não chegamos a esses extremos no Brasil. Não está de acordo com a índole pacífica do brasileiro.

Quando muito, limitam-se os radicais a críticas gratuitas, como dizer que nós, espíritas, temos parte com o *coisa-ruim*.

***

Forçoso admitir que os movimentos pentecostais e carismáticos fazem mais sucesso que o Espiritismo.

É mais convidativo buscar as graças divinas com práticas exteriores e doações aos serviços religiosos do que assumir indesejáveis compromissos.

Começa pela obstinada orientação espírita:
É preciso estudar; estudar muito, estudar sempre!
Que enjoamento!...
E mais: Se você, leitor amigo, dispuser-se a observá-la, logo perceberá que a Doutrina Espírita gira em torno de indeclinável renovação de atitudes, na decantada reforma íntima.
Está evidente nas máximas de Allan Kardec:

- Reconhece-se o verdadeiro espírita pela sua transformação moral e pelos esforços que empregue no sentido de domar suas más inclinações.

- Fora da caridade não há salvação.

- Trabalho, solidariedade e tolerância.

Você ficará sabendo que seus males, dores e atribulações são decorrentes de suas mazelas, vícios, paixões...
Portanto, se espera por uma situação melhor, é preciso que combata isso tudo, supere o egoísmo, aprendendo a sacrificar-se em favor do bem comum.
Há quem não goste:

– Quero cura para meus males. Recomendam-me trabalhar pelos indolentes que estagiam na necessidade por culpa própria!

– Quero me livrar de tormentos íntimos. Falam em perdoar o cretino que me prejudicou!

– Quero ter um pouco de paz no lar. Informam que preciso compreender a alucinada que tenho por esposa!

– Quero ser promovido na firma. Aconselham-me a colaborar com os incompetentes que lá estagiam!

– Quero sarar do mal que me aflige. Dizem que devo cortar o cigarro e o álcool, que amenizam minhas inquietações!

– Quero a proteção dos bons Espíritos. Insistem que preciso melhorar a sintonia, deixando de pensar tanto nas delícias do sexo!

– Barra pesada! Assim não dá!

Mas, há um detalhe a ser ponderado:
Mais cedo ou mais tarde, aprenderemos que, independente de nossa crença, os caminhos para Deus passam necessariamente pela vivência desses princípios consagrados pela Doutrina Espírita.
É a porta estreita a que se refere Jesus.
Exige árduas disciplinas, para que possamos "afinar" a alma e passar por ela.
Resumindo: você vai ter que "ralar", empenhar-se com dedicação e afinco em favor da própria

renovação, um apóstolo Paulo em potencial, capaz de repetir com ele, em tempo breve, digamos, alguns milênios *(Gálatas: 2-20)*:

– **E já não vivo, mas o Cristo vive em mim!**

ns
Para rir e refletir

Cabelos compridos

Mal completou dezoito anos, o cabeludo tirou carta de motorista e convocou o pai a dividir o carro com ele.

– Sem problema, filho, mas há duas condições: entrar na faculdade e cortar as madeixas.

O jovem deu duro nos estudos e passou no vestibular.

Para rir e refletir

Quanto aos cabelos...
– Estive pensando, pai. Sansão tinha cabelos compridos. Abraão, idem. E o próprio Jesus...
– Tem razão, filho, mas... eles andavam a pé.

***

Antes que respeitáveis senhores que foram cabeludos, ou os próprios, se tomem de santa indignação, imaginando uma atitude discriminatória deste escriba, peço que vejam nessa história apenas uma brincadeira introdutória para arriscar alguns considerandos sobre a adolescência.

Ensina a Doutrina Espírita:

Ao reencarnar, o Espírito entra em estado de dormência.

Desperta e toma posse de si mesmo, de suas tendências e aptidões, de sua maneira de ser, a partir da adolescência.

O adolescente seria, então, o dorminhoco que acorda de longo sono, desde a vida intra-uterina.

Será por isso que gosta tanto de dormir?

Salvo o Espírito evoluído, que consegue vencer as limitações impostas pelo processo, levará algum tempo para se submeter às disciplinas da nova existência.

Enquanto isso não acontece, certas peculiaridades fazem dele um "aborrescente":

• Descuidado em relação à higiene pessoal.

Na espiritualidade não precisava de banho, nem desodorante...

Para rir e refletir

• Bagunceiro incorrigível, seu quarto parece assolado por vendaval.
Algo semelhante à desordem das regiões umbralinas, de onde quase todos viemos.

• Sente-se ofendido quando convocado a colaborar nas tarefas domésticas.
Falam alto nesse período os condicionamentos egocêntricos, próprios da natureza humana.

Por outro lado, um comportamento contraditório:

• No lar, a contestação e a rebeldia, no empenho de auto-afirmação.

• Na sociedade, a submissão a modismos e excentricidades, principalmente, quando integrado nas "tribos" urbanas. O inacreditável *piercing*, adereço de masoquista, espetado na língua, nos lábios, no nariz e até em partes intimas, é exemplo típico.

***

Segundo a questão 383, de *O Livro dos Espíritos*, durante a infância, o Espírito *...é mais acessível às impressões que recebe, capazes de lhe auxiliarem o adiantamento, para o que devem contribuir os incumbidos de educá-lo.*
Isso significa que podemos modificar as dispo-

sições de nossos filhos, ajudá-los a superar tendências indesejáveis que trazem de vidas anteriores e prepará-los de forma que o seu despertar para a vida seja menos complicado; que estejam menos vulneráveis às influências negativas; que possam atravessar essa transição difícil de forma equilibrada, sem traumas, sem desajustes...

Na adolescência, integrados na nova experiência, será mais difícil.

Terão suas próprias iniciativas.

Dependerá deles.

Ainda assim, podemos fazer algo, exercitando o diálogo, oferecendo-lhes um ambiente de entendimento, carinho e amor, fundamentais para quebrar suas resistências e modificar suas disposições.

***

Recurso indispensável: a disciplina.

O prezado leitor poderá considerar que na história que contamos faltou habilidade ao pai, ao impor determinado comportamento, ferindo o livre-arbítrio do filho.

Mas, ainda que o neguem, os filhos querem isso; precisam de alguém que lhes imponha limites.

Lembro-me de um amigo que prescrevia determinadas regras aos filhos.

Impensável o *piercing,* as tatuagens, a troca do dia pela noite, a ausência nas reuniões do Centro.

Quando os filhos reclamavam, explicava, tranquilo:

– Meus queridos, quem paga a conta, envolvendo seus estudos, alimentação, moradia, vestuário, saúde, lazer, sou eu. Enquanto for assim, tenho o direito de decidir o que é bom para vocês. Quando tiverem seu emprego, sua casa, sua vida, então poderão fazer o que lhes der na telha.

Talvez algum psicólogo se escandalizasse.

Mas há um detalhe:

Os quatro filhos, todos homens realizados, honestos, íntegros, adoram o pai e bendizem a educação que receberam.

Para rir e refletir | 99

Para rir e refletir

Ponham a mão!

Conta-se que Jesus esteve, recentemente, na Terra.

Em suas andanças, entrou num hospital público brasileiro.

Passou por um paraplégico que aguardava a consulta, sentado em cadeira de rodas, e disse-lhe:

– Levanta-te e anda!

O homem ergueu-se e deixou o consultório, empurrando a cadeira de rodas.

Para rir e refletir

Alguém lhe perguntou:
— Esse barbudo que falou com você é o novo médico?
— Sim.
— O que achou dele?
— Igual aos outros. Não pôs a mão em mim.

Podemos situar essa hilária história por exemplo de como as pessoas envolvem-se com a rotina e o imediatismo terrestre, sem se darem conta das dádivas que recebem.
Não fazemos a mínima idéia de como benfeitores espirituais nos socorrem e atendem, em múltiplas oportunidades.
Amenizam dores, curam males, ajudam-nos a solucionar problemas...

***

Há o outro lado:
Os médicos que, literalmente, "não põem a mão no paciente".
Uma senhora procurou um desses profissionais apressados, rápidos no gatilho, que sacam o bloco para o receituário, mal o cliente põe os pés em seu gabinete.
Ao terminar a consulta, disse-lhe:
— O senhor devia ser engenheiro.
— Por quê? Acha que tenho jeito?
— Bem, engenheiro lida com barro, cimento, cal, tijolos... É mais fácil. Está mais de acordo com sua

índole. O senhor é frio, distante!
— Ora, minha senhora. Há muita gente! Não posso dar atenção a todos.
— Pois deveria. Por mais gente atenda, considere que não está lidando com material de construção. As pessoas, meu caro doutor, precisam de atenção, principalmente quando fragilizadas pela doença.

Certamente, o médico não mudou de profissão, mas seria bom, para ele e seus clientes, se mudasse a maneira de ser.

***

Meu pai, que foi enfermeiro, falava de um médico humilde, de pouca cultura e precários conhecimentos, que atendia no posto de saúde onde trabalhava.

Não obstante suas limitações, era o mais solicitado e eficiente.

Calmo e gentil, tratava com carinho a clientela, consulta sem pressa, paciência de ouvir...

Tinha sempre uma palavra de encorajamento, exprimia-se de forma otimista quanto ao diagnóstico e ao prognóstico.

Os pacientes saíam animados.

Mais que simples receita, levavam um novo alento, a confiança de que seriam curados, algo decisivo em favor de sua recuperação.

***

Para rir e refletir

Aprendemos com a Doutrina Espírita que várias profissões envolvem preparo do Espírito, antes de reencarnar, a fim de que possa ter um desempenho razoável, desenvolvendo experiências produtivas.

Freqüenta escolas no Além, recebe instruções, planeja a própria estrutura orgânica, adequando-a ao exercício da atividade escolhida.

Sem dúvida, a Medicina é das mais importantes. Deus quer que sejamos saudáveis, física e psiquicamente, para melhor aproveitamento das experiências humanas.

A doença pode ser um acidente de percurso, relacionado à falta de cuidado com o corpo, no presente ou no pretérito.

Daí a importância do médico, instrumento de Deus, em favor da saúde humana.

Certamente, dentre todas as orientações recebidas ao reencarnar, o médico aprende a lidar com os enfermos, sob orientação do Evangelho, manual perfeito de relações humanas.

É preparado para "pôr a mão no paciente", expressão que resume os cuidados básicos:

- Cultivar a gentileza.

- Examinar sem pressa.

- Ouvir com atenção.

- Exercitar o diálogo.

Para rir e refletir

- Estimular o otimismo.

- Tranqüilizar o paciente.

- Receitar com cautela.

Esses, os valores fundamentais que estabelecerão a empatia entre ambos, com os mais salutares resultados na erradicação da enfermidade.

***

Sou apaixonado pela Medicina.
Tenho certeza de que fui médico em existência anterior, provavelmente do tipo que fica melhor cuidando do material de construção. Por isso, talvez, carrego a frustração de não ser, desta feita, discípulo de Hipócrates.

Evocando minha condição do passado, peço licença aos colegas do presente, para dizer-lhes:

Cuidado, senhores doutores!

Não malbaratem as abençoadas oportunidades que receberam!

Não frustrem os instrutores que os prepararam!

Não negligenciem a orientação fundamental:

Por Deus! Ponham a mão nos pacientes!

Para rir e refletir

Para rir e refletir

É bom não ir

Era médium vidente.
Identificava, freqüentemente, junto de si, simpático Espírito.
Dizia ser seu protetor.
Habituara-se a consultá-lo... Em princípio, a respeito de questões doutrinárias; depois, problemas pessoais; finalmente, a pretexto de qualquer assunto.
Quando adquiriu um automóvel, motorista inexperiente, incorporou a ajuda do acompanhante espiritual a partir de sua indecisão, num cruzamento movimentado.
Ouviu do resoluto mentor:
– Vai que dá!

Para rir e refletir

Ficou feliz. Tinha agora eficiente "co-piloto". Em qualquer dificuldade no trânsito, aguardava o sinal verde:

— Vai que dá!

Animado, logo se dispôs a enfrentar a estrada.

Dirigia tranqüilo, confiante no guardião do Além.

Em dado momento, avistou enorme caminhão que se aproximava, veloz, em sentido contrário.

Entre ambos, estreita ponte, passagem para um veículo apenas.

Nosso herói vacilou.

Daria tempo para atravessá-la, antes do caminhão?

O mentor veio em seu socorro:

— Vai que dá!

Animado, pisou o acelerador e desceu a encosta, ganhando velocidade.

No entanto, ao entrar na ponte, viu que o mesmo fazia o *dito cujo*!

Choque frontal, inevitável! Conseqüências catastróficas! Desses acidentes em que se costuma dizer que não escapa nem a alma do motorista.

O médium arregalou os olhos, apavorado, enquanto o mentor, a seu lado, murmurava, desolado:

— Xiii!... Acho que não vai dar, não!

Fora apenas um palpite... errado!

***

Essa história está em meu livro *Atravessando a*

Para rir e refletir

Rua, publicado pelo IDE, de Araras.

Ilustra problemas relacionados com velha tendência humana:

Imaginar os Espíritos como oráculos infalíveis, detentores de todo saber, protetores perfeitos, capazes de todos os prodígios.

Infelizmente, dirigentes desavisados estimulam essa tendência, transformando os Centros Espíritas em gabinetes de consulta, envolvendo médiuns sem disciplina e orientadores sem orientação.

Esqueceram ou, pior, talvez nunca tenham atentado à sábia observação de Kardec, contida em *Obras Póstumas*, segunda parte, quando fala de seus contatos iniciais com o Além:

Um dos primeiros resultados que colhi das minhas observações foi de que os Espíritos, nada mais sendo do que as almas dos homens, não possuíam nem a plena sabedoria, nem a ciência integral; que o saber de que dispunham se circunscrevia ao grau de adiantamento que haviam alcançado, e que a opinião deles só tinha o valor de uma opinião pessoal.

Reconhecida desde o princípio, esta verdade me preservou do grave escolho de crer na infabilidade dos Espíritos e me impediu de formular teorias prematuras, tendo por base o que fora dito por um ou alguns deles.

Oportuno lembrar, também, a incisiva recomendação do Espírito Erasto, no capítulo XX, de *O Livro dos Médiuns*, reportando-se aos cuidados a serem observados por aqueles que se dispõem ao intercâmbio com o Além:

> *Na dúvida, abstém-te, diz um dos vossos velhos provérbios. Não admitais, portanto, senão o que seja, aos vossos olhos, de manifesta evidência. Desde que uma opinião nova venha a ser expendida, por pouco que vos pareça duvidosa, fazei-a passar pelo crivo da razão e da lógica e rejeitai, desassombradamente, o que a razão e o bom senso reprovarem.*
> *Melhor é repelir dez verdades do que admitir uma única falsidade...*

Observe, portanto, o prezado leitor:

O exercício mediúnico preconizado pela Doutrina Espírita está alicerçado em disciplinas muito seguras, que, observadas, nos permitem um contato produtivo e proveitoso com as almas dos mortos.

Esse intercâmbio é de valor inestimável!

Ele nos familiariza com a vida além-túmulo, dando-nos noção do que nos espera, a fim de que a morte não nos imponha penosas surpresas.

Mas é preciso discernimento, tendo sempre presente que os Espíritos do tipo "vai que dá", só conseguem "pôr as mangas de fora" onde, contrariando a orientação da Doutrina, o estudo, a disciplina e o discernimento ainda não chegaram.

Nesses grupos, é bom não ir.

Para rir e refletir

Desamarrações

Diante de sofrida viúva, a médium transmitia informações do "mentor":
— Sua vida está "amarrada". Há gente que não gosta de você e a cerca de vibrações negativas. Isso agrava os problemas com sua filha, que se ressente de um sentimento de rejeição de sua parte, quando nasceu. Inconscientemente, ela guarda certa revolta e a agride com suas atitudes, pretendendo castigá-la.
— Estranho... Eu queria ser mãe! Vibrei quando fiquei grávida!

Para rir e refletir

– E tem mais: seu marido não se conforma em viver longe da família, principalmente da filha, por quem nutre carinho especial. Está agindo com o propósito de levá-la. Daí os problemas de saúde que vem enfrentando.
– Meu Deus! É assustador!
– Tenha calma. Com nossa ajuda, esse nó será desfeito!
Terminada a reunião, tensa e amedrontada, a viúva perguntou à médium que providência deveria tomar.
– Deixe tudo por conta de meu mentor. Ele é poderoso. Teremos apenas que tomar algumas providências, comprando os apetrechos necessários.
– Estou pronta. Que devo fazer?
– Vai custar-lhe dois mil reais...

***

Ouvi essa assombrosa história da própria consulente.
Há dias não conseguia dormir, dando "tratos à bola", a imaginar como conseguir o dinheiro necessário.
Sua angústia maior: não tinha de onde tirar soma tão grande. Vive de humilde pensão deixada pelo marido.
Recomendei-lhe que esquecesse o assunto e fosse cuidar da vida. Nada de mal lhe aconteceria. Todas aquelas informações eram meros recursos para impressioná-la, extorquindo seu dinheiro.

Para rir e refletir

***

Incrível do que são capazes aqueles que apostam na ingenuidade humana.

Basta fechar os olhos, dizer que o "guia" está ali, e pronto! Os "clientes" aceitam qualquer patacoada como a mais pura expressão da verdade.

Dizendo-se especializados em desfazer "amarrações", esses mistificadores usam sempre a mesma técnica:

Primeiro assustam as vítimas com "revelações" escabrosas.

Depois, propõem-se a resolver tudo, mediante o pagamento de determinada importância.

Apavorados, os incautos fazem das tripas coração para atender às exigências.

Dirá você, meu caro leitor:

– Consultei, certa feita, um médium desse tipo. Fez revelações acertadas.

É possível que aconteça, quando se trata de alguém que possui sensibilidade psíquica.

Nesse caso, a consulta é ainda mais inconveniente.

O "guia" vai apenas confirmar o que está na cabeça do consulente.

Se estiver desconfiado de que a mulher anda flertando com o vizinho, logo virá a informação:

– Cuidado! Sua mulher anda flertando com o vizinho!

Para rir e refletir

O médium apenas captou suas suspeitas, situando mera fantasia por realidade.

***

Qual o comportamento ideal, em relação ao assunto? – perguntará você.

E eu lhe respondo:

Jamais procure tais "serviços".

Eles não têm absolutamente nada a ver com a Doutrina Espírita, nem com os verdadeiros mentores espirituais. Estes cuidam de assuntos mais importantes. Não perdem tempo com intrigas e fofocas.

Portanto, antes de ir atrás dessas fantasiosas "desamarrações", é preciso desamarrar a nossa cabeça, exercitando discernimento.

O presente é fruto de nosso passado.

O futuro será fruto de nosso presente.

Nada melhor, portanto, se você cogita de um porvir feliz, que trabalhar por ele, com o mais legítimo de todos os recursos:

A prática do Bem.

Para rir e refletir

O melhor referencial

A anciã explica.
– Há dias sinto dores na perna esquerda. Estão me incomodando...
O médico a examina. Nada de significativo.
– Quantos anos a senhora tem?
– Oitenta e quatro.
– Está explicado. É a idade.
– Não enrole, doutor. A perna direita tem a mesma idade, e não dói.

***

Para rir e refletir | 115

Tendemos a atribuir determinados males aos desgastes do tempo.
— É o peso dos anos!
— O corpo enferruja!
Há toda uma cultura sinalizando a velhice como sinônimo de dores e incômodos.
Não é exatamente assim.
Temos uma programação biológica, mediando dos oitenta aos cem anos.
Nas proximidades desse período, a "máquina" começa a anunciar:
Está atingindo seus limites. Conveniente o "usuário" preparar-se para entregá-la ao "proprietário", que, como sabe o prezado leitor, é o Todo-Poderoso.
Deus a desmontará, peça por peça, célula por célula, na oficina da Natureza, aproveitando a matéria-prima para novas utilidades, até para novas máquinas, com divina eficiência, sem perder um átomo sequer.
A chamada *idade provecta* não precisa ser marcada por doenças e dores.
Apenas paulatina redução da vitalidade.
Imagine uma vela que chega ao fim, bruxuleia e apaga.
Deveríamos deixar suavemente o corpo, quando atingido o limite de sua utilização, vencido o prazo de validade.
As enfermidades nem sempre representam a execução de um projeto elaborado a partir da vida espiritual.

Decorrem muito mais da maneira como vivemos e pensamos, das violências que cometemos contra nosso corpo.

• De fora para dentro – indisciplina física.

Álcool, drogas, fumo, sedentarismo, glutonaria, promiscuidade...

• De dentro para fora – intemperança mental.

Mágoa, ressentimento, agressividade, cólera, rancor, ódio, revolta, desespero, inconformação...

Dá para entender a presença da Medicina na Terra.

É a manifestação da misericórdia divina, ajudando-nos a vencer as enfermidades que geramos, para que possamos cumprir o tempo que nos é concedido, ao reencarnar, atendendo aos celestes desígnios.

Ocorrem exceções: os problemas cármicos, em que o Espírito vem para experiência breve, trazendo uma composição genética que lhe ceifará a existência na infância, na adolescência ou na idade adulta, antes de atingir os limites traçados pela biologia.

Quanto ao mais, todos podemos e devemos desenvolver um comportamento adequado, a fim de aproveitar integralmente as oportunidades de edificação da jornada humana.

Evitaremos o vexame de retornar ao mundo espiritual antes do tempo, despejados do corpo, como

Para rir e refletir

um inquilino que é obrigado a deixar a casa que desmorona, por não ter cuidado bem dela.

Destacamos:

- Fisicamente:
Exercícios metódicos, alimentação adequada, trabalho disciplinado, repouso regular, cuidados de higiene, abstenção de vícios.

- Mentalmente:
Otimismo, bom humor, alegria, tolerância, compreensão.

- Espiritualmente:
Atividades religiosas, oração, empenho de renovação, prática do Bem.

***

E, sobretudo, amar.
É isso mesmo, leitor amigo: amar.
Costuma-se dizer que quem ama não adoece.

O exercício do amor, que em sua aplicação mais legítima é trabalhar pela felicidade do ser amado, nos coloca em sintonia com as fontes da Vida, onde está o divino elixir que sustenta a saúde perfeita.

Portanto, usemos e abusemos, a começar pelo amor a nós mesmos.

Se nos amarmos de verdade, haveremos de evitar o que nos faça mal, ainda que, em princípio, nos pareça bom.

Para rir e refletir

Exemplo: os vícios.

Só um impulso passional, que não tem nada a ver com o amor, pode nos induzir a fazer algo que satisfaz a hora presente, como o cigarro, o álcool, as drogas, sem nos importarmos com a saúde que se deteriora, a existência que se abrevia, o futuro que se complica.

Quem se ama quer o bem do próprio corpo.

Cultiva a temperança, como o motorista cuidadoso, que trata com carinho de seu automóvel.

E, também, o bem da alma, cumprindo as leis divinas, enunciadas com precisão nos ensinamentos de Jesus.

Assim, viveremos integralmente o tempo que o Senhor nos concede.

E, quando chegar nossa hora, mansamente entregaremos a "máquina", quilometragem cumprida, sem pontos negativos em nossa "carteira", habilitando-nos à sonhada conquista:

Um glorioso porvir!

Para rir e refletir

Do Céu para a Terra

O professor, em curso de mestrado, propôs aos alunos:

– Se fossem morar numa ilha deserta e pudessem levar apenas um livro, qual escolheriam?

Respostas variadas, segundo interesses, concepções e predileções individuais:

– *Os Miseráveis*, de Victor Hugo (1802-1885).
– *Emílio*, de Rousseau (1712-1778).
– *O Capital*, de Marx (1818-1883).

Para rir e refletir

– *A Interpretação dos Sonhos*, de Freud (1856-1939).
– *A Origem das Espécies*, de Darwin (1809-1882).
– *As Flores do Mal*, de Baudelaire (1821-1867).
– *Os Diálogos*, de Platão (428-348 a.C.).
– *O Príncipe*, de Maquiavel (1469-1527).
– *A Teoria da Relatividade*, de Einstein (1879-1955).

O professor sorriu:
– Não seria mais proveitoso um manual de sobrevivência?
O mestre foi, acertadamente, pragmático. Numa situação dessa natureza, importa, sobretudo, a utilidade prática de uma obra literária.
Os livros escolhidos poderiam atender às suas aspirações literárias, mas eram inúteis em relação ao essencial:
Como sobreviver numa ilha deserta?

***

Lembrando a singela enquete, pergunto-lhe, prezado leitor:
Se você estivesse na Vida Espiritual, prestes a reencarnar neste *vale de lágrimas*, e lhe fosse concedido trazer um livro, no que pensaria?
Certamente, com a visão objetiva dos desencarnados, haveria de optar, igualmente, por um manual que o ajudasse a sobreviver.

Para rir e refletir

Não me refiro à integridade física. Dela haveriam de cuidar o instinto de defesa da prole, em princípio, nos seus pais, e o instinto de conservação em você, depois.

Refiro-me a uma sobrevivência, digamos espiritual, a integridade dos projetos que certamente fez, porquanto não há de ter sido por mero diletantismo que mergulhou na carne.

Até posso adivinhar o que planejou:

- Disciplina das emoções.

- Reforma íntima.

- Exercício da caridade.

- Reconciliação com desafetos.

- Consolidação de laços afetivos.

- Resgate dos débitos cármicos.

Esse é o material de construção da gloriosa e desejada edificação – o Reino de Deus em nós, harmonizando-nos com os ritmos do universo.

A suprema ventura:
Colaborar com o Criador, na obra da Criação!

Assim, não tenho dúvidas de que você escolheria um livro que o ajudasse a superar a amnésia imposta pelo processo reencarnatório.

Com ele, tomaria conhecimento do que lhe compete fazer e caminharia com mais segurança, evitando perder-se nos meandros da ilusão, que conduz tanta gente ao fracasso.

Abençoado *manual de sobrevivência,* roteiro seguro para cumprimento dos sagrados objetivos que nos trazem à vida física, favorecendo uma existência feliz e produtiva.

***

Saiba, caro leitor, que esse livro maravilhoso está à sua disposição.

Graças à iniciativa de prepostos de Jesus, nosso governador celeste, e à lucidez de valoroso missionário, o "milagre" aconteceu.

O manual foi transposto do Céu para a Terra.

O missionário: Allan Kardec.

O manual: *O Livro dos Espíritos.*

Não o perca de vista!
Tenha-o sempre perto!
Leia, pesquise, consulte, estude, anote!
Gaste suas páginas!
Abebere-se de seus princípios!
Cumpra suas orientações!...
E haverá de sair-se muito bem!
Terá:

Na Terra – a seara que planejou no Além!

No Além – as bênçãos semeadas na Terra!

Para rir e refletir

A morte da gata

As duas meninas, sete e nove anos, brincavam na calçada.

Nas proximidades, a gata rueira, impossível de ser contida nos limites da casa, como todos os felinos.

A bichana resolveu atravessar a rua.

Um automóvel aproximava-se, veloz.

Ela esgueirou-se, rápido.

Escapou por um triz, como sempre, valendo-se das "sete vidas" com que o imaginário popular brinda a agilidade dos felinos.

Para rir e refletir

Certamente gastou a última, porquanto outro carro vinha em sentido contrário e a pobre foi colhida por rodas implacáveis.

Em segundos expirava, velada pelas meninas que choravam em desolação, traumatizadas com a violência presenciada, inconformadas com a perda de sua Juju.

***

– Papai, a Juju cumpriu um carma?
– Não, filhinha. Animais não têm dívidas a pagar. São conduzidos pelas forças da Natureza, sob orientação do instinto.
– Mamãe dizia que era uma criminosa, destruidora de cortinas e estofados!
– Não fazia por mal... Apenas afiava as garras, como todo felino.
– Podemos orar por ela?
– Certamente! Será como se lhe fizessem um carinho a distância.
– Quando morrermos, vamos encontrá-la?
– Talvez... As almas dos animais não costumam demorar-se no Além.
– Animal também reencarna?
– Sim. Faz parte de sua evolução.
– Gato pode reencarnar como cachorro?
– Sem dúvida, e também em outras espécies, em constante desenvolvimento, ao longo dos milênios.
– Que bom papai! A Juju poderá voltar como filha de nossa Baby!

Para rir e refletir

***

Algum tempo depois, Baby, a cadelinha, despeja no mundo quatro filhotes.

As meninas encantam-se, particularmente com a menor.

– Veja, papai! Tem a mesma cor de nossa Juju e até os olhos puxadinhos. Deve ser ela!

– Pode ser, filhinha – sorriu o pai, condescendente.

Não seria caridoso contestar a animadora fantasia.

Afinal, não era impossível... Como devassar os meandros da evolução, a progressão das experiências, as espécies a que se liga o princípio espiritual, na longa jornada rumo à consciência?...

– Podemos ficar com ela?

– Se quiserem...

– Vai chamar-se Juju.

– Tudo bem.

***

Observando o entusiasmo das meninas, conjecturava o pai, com seus botões:

"Ah! Vida abençoada! Sempre a brotar, irresistível, plena de esperanças, sobrepondo-se à desolação da morte!"

Para rir e refletir

Para rir e refletir

Tranquilizantes

O paciente reclamava de perturbadora disfunção digestiva que o situava em destempero permanente.

Comparecia ao sanitário inúmeras vezes, ao longo do dia..

Obviamente, isso o incomodava.

Para rir e refletir

Sob orientação médica, submeteu-se a exames. Resultado negativo. Nada que justificasse a anomalia. Não obstante, foi prescrito tratamento.
No primeiro retorno, o especialista perguntou:
– Então, melhorou?
– Que nada doutor! O problema permanece! Nova prescrição, medicamentos poderosos.
– Melhorou? Baixou a *performance*?
– Infelizmente, não.
E aquilo foi se estendendo... A cada retorno, nem havia necessidade de muitas palavras.
O médico, polegar para cima:
– Tudo bem?
O paciente, polegar para baixo:
– Negativo!
Exasperado com a insólita situação, nosso herói sentia-se deprimido e irritado.
O especialista cogitou de outra possibilidade: talvez se tratasse de uma somatização, a manifestação física de problemas emocionais.
Receitou poderoso tranqüilizante.
Um mês depois, retornou o paciente.
O médico, polegar para cima:
– Tudo bem?
O paciente, risonho, imitando o gesto:
– Tudo ótimo!
O médico, animado:
– Vejo que desta vez deu certo. Normalizou as funções do aparelho digestivo...
– Olhe, doutor, continua do mesmo tamanho,

Para rir e refletir

mas há uma diferença: com o remédio que o senhor prescreveu, tiro de letra! Estou tranqüilo. Até aproveito para pôr em dia minhas leituras...

***

Bem, leitor amigo, o destempero daquele paciente talvez não seja o exemplo mais apropriado, mas serve para ilustrar os benefícios do conhecimento espírita diante de situações e males inexoráveis:

- A morte de um ente querido.

- A doença incurável.

- A limitação física insuperável.

- A impossibilidade de gerar filhos.

São o que poderíamos situar por provações ou carmas inamovíveis – não podem ser modificados.
É a *cruz* a ser conduzida.
Haverá algo pior?
Sim. A inconformação, que se exprime em revolta e desespero.
Essas insidiosas manifestações de rebeldia multiplicam muitas vezes nossos padecimentos, como um ferimento que estivéssemos a verrumar ou a tratar com ácido.

Para rir e refletir

Quando aceitamos, submetendo-nos à vontade de Deus, fica mais fácil.

Aqui entra o Espiritismo, o tranqüilizante de nossas almas, a explicar que há razões ponderáveis para determinadas situações que surgem.

São colheitas obrigatórias de desastradas semeaduras.

São frutos amargos de nossos deslizes do passado.

Não obstante, ensejam abençoadas oportunidades de resgate e reajuste, em favor de um futuro melhor.

Altamente inconveniente, portanto, a revolta ou o desespero.

Algo como nos aborrecermos com a presença do credor que vem receber seu dinheiro, em data que nós mesmos marcamos.

Ensina a Doutrina:

Aceitando a vontade de Deus e procurando fazer o melhor em situações inamovíveis, haveremos de enfrentá-las com serenidade, sem perder o dom mais precioso:

A capacidade de sermos felizes, mesmo na adversidade.

Para rir e refletir

De papo para o ar

O turista visita uma colônia de pescadores.
Encontra vários deles a tomar sol, tranqüilos, nas areias escaldantes.
– O que vocês fazem durante o dia?
– *Nois descansemo.*
– E vocês não cansam de descansar?
– *Cansemo...*
– E o que fazem quando cansam de descansar?
– *Descansemo,* ué!

A história exprime a velha tendência para a indolência, que costuma "infectar" pessoas não habituadas ao batente.

Esse "de papo para o ar" está arraigado no espírito humano.

O estudante vibra com as férias escolares.

O operário aguarda o fim de semana, o feriado, o descanso anual...

Realização suprema: a aposentadoria! A inatividade remunerada é considerada por muitos a ante-sala do paraíso. Garantido o sustento diário, sentem-se plenamente isentos de compromissos com horários e serviços.

Por paradoxal pareça, há pessoas que se empenham em múltiplas atividades, buscando alcançar, no menor prazo possível, uma situação financeira que lhes permita a felicidade de não fazer nada.

A própria teologia ortodoxa nos apresenta o Céu como região de contemplação. Nessas etéreas plagas, almas eleitas se desvanecem no mais absoluto repouso.

Num Universo dinâmico, onde tudo vibra em movimento de trabalho e progresso, desde o verme, que nas profundezas do solo o fertiliza, aos mundos que se equilibram no espaço, eis o Homem, o ser mais evoluído do planeta, a confundir a felicidade com o não fazer nada, a paz com a ausência de responsabilidade.

Daí a sua dificuldade em ser feliz.

Está fora dos ritmos do Universo.

***

Para rir e refletir

Na questão 683, de *O Livro dos Espíritos*, indaga Allan Kardec:

Qual o limite do trabalho?

A resposta é surpreendente:

O das forças.

Antes que o leitor se disponha a denunciar os Espíritos ao Ministério do Trabalho, por induzirem à exploração do trabalhador, é bom lembrar que a resposta não significa que labutemos na atividade profissional até a exaustão.

Sugerem os mentores espirituais que devemos estar sempre ativos, evitando ceder espaço em nossa mente a influências deletérias e idéias infelizes, que se instalam quando nos entregamos à inércia, campo propício aos miasmas da perturbação.

Diz o velho ditado:

Mente vazia é forja do demônio.

Devemos trabalhar até o limite das forças, não no sentido material, envolvendo o ganha-pão diário. Essa atividade tende a reduzir-se à medida que avançam os recursos tecnológicos.

No início da revolução industrial, século XIX, era comum a jornada de trabalho de doze a quatorze horas, sete dias por semana. Hoje, em países desenvolvidos,

Para rir e refletir

pode ser de seis horas, com descanso semanal de dois dias.

Além das horas despendidas com a atividade profissional, das necessárias ao repouso noturno, aos cuidados de higiene, à alimentação, ao atendimento da família, não podemos perder de vista, se desejamos um legítimo aproveitamento das oportunidades de edificação da jornada humana, aquelas que devemos usar, diariamente, em dois tipos de trabalho que devem completar a labuta diária:

- Imortalidade.

Somos imortais.
Vivíamos, antes do berço.
Viveremos, depois do túmulo.

Imperioso que privilegiemos a atividades que nos permitam adquirir aqueles valores perenes que *as traças não roem nem os ladrões roubam*, como ensina Jesus, representados pela virtude, o conhecimento, a cultura, com o desenvolvimento de nossas potencialidades criadoras.

- Universalidade.

Oportuno identificar e combater o mal maior, no estágio de evolução em que nos encontramos – o egoísmo.

É por estarmos muito preocupados com nosso próprio bem-estar que nos complicamos nos caminhos da vida.

O trabalho em favor do próximo nos ajuda a

vencer o egoísmo, dando-nos a estabilidade necessária para que possamos viver em paz.

***

Dizia Jesus (*João, 5:17*):

Meu Pai trabalha até agora, e eu trabalho também.

Portanto, leitor amigo, considere:
O *descansemo* pode ser muito atraente, mas não é compatível com os padrões divinos.

Melhor mesmo é o *trabalhemo*.

Para rir e refletir

Bem longe

O trabalho de vibrações, geralmente desenvolvido nas reuniões mediúnicas, é eficiente recurso de auxílio a Espíritos encarnados e desencarnados.

Um grupo de pessoas concentra a mente em torno de alguém, com o propósito de oferecer-lhe pensamentos positivos, de alegria, saúde, paz, equilíbrio...

Os resultados são excelentes.

Certa feita, no desdobramento dessa atividade, o dirigente indicava, pausadamente, o nome, o endereço e

a idade dos beneficiários, detalhes que ajudam na mentalização.
Distraído, leu:

Fulano de tal.
Cinqüenta e sete anos.
Cemitério da Saudade.

Quando enunciou este último detalhe, deu-se conta de que estava se referindo a um defunto.
Os companheiros, não obstante a seriedade do momento, mordiam os lábios para conter o riso, ante a indicação inusitada.
Esse pitoresco episódio demonstra como as pessoas são mal informadas a respeito da morte, a ponto de imaginarem que o endereço do finado está em ruela na *cidade dos pés juntos*.

***

O hábito de visitar os mortos, como se o cemitério fosse sala de visitas do Além, é cultivado desde as culturas mais remotas.
Exprime a tendência em confundir o indivíduo com seu corpo.
Há pessoas que, em desespero ante a morte de um ente querido, o fazem diariamente. Chegam a deitar-se no túmulo. Desejam estar perto do familiar.

***

Para rir e refletir

Católicos, budistas, crentes, muçulmanos, espíritas – somos todos espiritualistas, acreditamos na existência e sobrevivência do Espírito.

Obviamente, o ser etéreo não reside no cemitério. Não há por que freqüentar a suposta *última morada*.

Amanhã, meu filho parte para São Paulo. Depois de algum tempo, visita-me em Bauru. Imaginemos eu a telefonar-lhe, combinando:
– Irei encontrá-lo no cemitério...
Ridículo e de mau gosto!

***

Observe, leitor amigo, que o verbo partir raramente é empregado, quando se fala dos entes queridos que desencarnaram.

As pessoas preferem dizer que *perderam* o familiar, algo que explicita falta de convicção na sobrevivência.

Quem admite que a vida continua jamais afirmará que perdeu alguém. Ele simplesmente partiu.

Quando dizemos "perdi um ente querido", estamos registrando, em nossa contabilidade existencial, pesada baixa que nos imporá sérios prejuízos emocionais.

Se afirmarmos que ele partiu, haverá apenas o imposto da saudade, abençoada saudade, a revelar que há amor em nosso coração, o sentimento supremo que nos realiza como filhos de Deus.

Em datas significativas, envolvendo aniversário

Para rir e refletir

de casamento, de morte, finados, Natal, Ano Novo, Dia dos Pais, Dia das Mães, sempre pensamos neles. Eles também pensam em nós, e são atraídos por nossa lembrança.

Por que procurá-los entre túmulos?!
Por que atraí-los ao cemitério?
Não raro, é uma experiência penosa para os recém-desencarnados.

Melhor esperá-los em nossa casa.

Com as flores que levaríamos ao túmulo, enfeitemos o lar, lembremos os momentos felizes, oremos com eles, convictos de sua presença.

Roguemos ao Senhor nos ajude a enfrentar a separação com coragem, conscientes de que nossos amados torcem por nós e esperam que sejamos firmes na fé, perseverantes no Bem, conscientes de nossas responsabilidades.

Assim, o reencontro, um dia, quando formos convocados ao retorno, se dará em bases de vitória sobre as provações humanas.

Longe, bem longe, da laje fria!

O espelho

À entrada do salão de reuniões, no Centro Espírita, enorme espelho.
– Para quê? – pergunta o visitante a um diretor.
– Oferecemos aos que entram a possibilidade de identificar sua própria condição espiritual.
– Não entendi...
– Definir se é um Espírito encarnado ou desencarnado.
– Como estabelecer a diferença?
– O morto não se reflete no espelho.
– Então, se eu não me enxergar...

– Comece a rezar!
Caro leitor, não estou sugerindo que você providencie espelhos para a instituição espírita da qual participa.
Há procedimentos mais razoáveis, diante dos sofredores do Além e, sem dúvida, mais amenos, menos chocantes.
Já pensou? Alguém não ver sua imagem refletida! Será capaz de "desencarnar" novamente... de susto!

***

Brincadeiras à parte, a experiência em reuniões mediúnicas demonstra que um dos grandes problemas de muitos desencarnados está em não reconhecer sua própria condição.

O filme *O Sexto Sentido,* que fez sucesso no cinema e ainda hoje é procurado em locadoras de vídeo, gira em torno de uma situação dessa natureza.

Um psicólogo morre assassinado e não percebe.

A ação envolve suas perplexidades.

Pretende continuar exercitando as atividades normais, esbarrando em incompreensível dificuldade no relacionamento com as pessoas, particularmente sua esposa, que julga afastada e distante.

Participante de reuniões mediúnicas há muitos anos, converso, freqüentemente, com Espíritos atarantados, empolgados por idéias e atividades da Terra.

Para rir e refletir

Prendem-se de tal forma aos interesses, vícios e paixões, envolvendo a vida terrestre, que não conseguem identificar a dimensão espiritual, situando-se como sonâmbulos que falam e ouvem.

Alguns exemplos:

• O evangélico, nervoso porque o acordaram do sono que deveria prolongar-se até o Juízo Final.

• O avarento, a imaginar, irritado, que os familiares pretendem roubá-lo, apossando-se de sua herança.

• O viciado, ansioso por cigarros, álcool ou drogas.

• O acidentado, que se julga preso nas ferragens do carro.

• O chefe de família, perplexo ante a indiferença da esposa e filhos.

• O doente, que reclama dos achaques que caracterizam a enfermidade que o vitimou.

Empolgados por pensamentos e sensações voltados para a vida física, não conseguem identificar a realidade espiritual nem a presença de amigos e familiares desencarnados.

Para rir e refletir

Situam-se como doentes mentais, afastados da realidade.

O processo mediúnico os auxilia, porquanto, em contato com as energias do médium e do ambiente, sentem-se revitalizados e despertam, ensaiando lucidez. A partir daí, procuramos modificar suas disposições e induzi-los à oração. Isso os habilitará a receber o socorro da Espiritualidade, favorecendo sua adaptação à vida além-túmulo.

***

Como sabemos, ninguém ficará para semente.
Todos retornaremos um dia à pátria espiritual.
Seria de bom alvitre, portanto, estarmos preparados para a grande transição, a fim de não nos candidatarmos a vagar por aí como almas penadas.
Não é difícil.
Basta nos mirarmos, diariamente, num espelho muito especial – a consciência.
Façamos a nós mesmos duas perguntas fundamentais:

Tenho feito todo Bem?

Tenho evitado todo mal?

Para rir e refletir

Pecado

A fim de atrair fiéis para sua igreja, o padre colocou um cartaz na porta.

Se você está cansado de pecar, entre.

Alguém anotou, embaixo, letra feminina, um número de telefone, observando:

Se ainda não estiver, ligue-me.

***

Para rir e refletir

A expressão *pecado* costuma ser situada, nas religiões tradicionais, como uma ofensa a Deus, envolvendo desvios de comportamento, em relação aos princípios religiosos.

Na verdade, jamais ofenderemos a Deus, por mais nos comprometamos no erro, no vício, na maldade. O relativo jamais poderá atingir o absoluto.

Não obstante, podemos usá-la para definir um comportamento que compromete nossa dignidade como filhos de Deus, contrariando a filiação divina.

A teologia medieval fala em sete pecados capitais, passíveis de remeter a Alma para as caldeiras de Belzebu:

- Avareza

- Gula

- Inveja

- Ira

- Luxúria

- Orgulho

- Preguiça

As religiões situam-se por apelos divinos, convocando-nos a superar o comportamento pecaminoso.

Para rir e refletir

Não obstante, sempre há recadinhos de nossa inferioridade:

Passe ao largo, desfrute os prazeres, aproveite a vida.

Não perca tempo com beatices.

Ligue para mim (dê atenção às minhas sugestões)...

A propósito do assunto, o apóstolo Paulo tem ilustrativa observação (Romanos, 7:19):

Pois não faço o bem que quero, mas o mal que não quero, esse faço.

É o retrato fiel da condição humana, em que prevalecem impulsos primitivos de animalidade.

É uma espécie de ir ao sabor da correnteza, acompanhando a multidão.

Mais desejável deter do que oferecer.

Mais animador o excesso do que a frugalidade.

Mais fácil revidar do que relevar.

Mais envolvente a sensualidade do que a castidade.

Mais convidativa a inércia do que a ação.

Mais atraente o vício do que a virtude.

Mais motivadora a paixão do que a razão.

Todavia, há conseqüências indesejáveis:
Quando nos deixamos levar, fica sempre um gosto amargo de fim de festa, uma inquietação indefinível, como se estivéssemos fora dos ritmos da Vida, distraídos dos objetivos da existência, transviados em relação às metas que nos compete alcançar.

***

Nesses descaminhos, há um encontro tão infalível quanto indesejável:

A Dor, mestra severa e intransigente, a serviço de Deus, a cumprir a missão que lhe foi confiada: corrigir nossos rumos, ajudando-nos a trilhar os caminhos retos, superando as tendências inferiores que nos inspiram.

Então, lamentamos o tempo perdido, os comprometimentos, a semeadura de frustrações e angústias.

Imperiosa, portanto, elementar providência, se desejamos aproveitar integralmente as oportunidades de edificação da jornada humana, evitando os penosos encontros com a Dor:

Ignoremos os recados mal-intencionados de nossas inferioridades.

Atendamos aos convites da religiosidade, em favor de nossa própria renovação.

Neuroses

O psiquiatra atende ao telefone.

A paciente, jovem senhora sob tratamento, reclama:

– Doutor, estou muito preocupada.

– O que houve?

– Venho notando que meu cocô está leve, boiando, ao invés de depositar-se no fundo do vaso. É grave?

– É normal. Não se preocupe. Acontece, às vezes.

Momentos depois, nova ligação.

– Desculpe, doutor, pela insistência... O senhor acha mesmo que não tem problema?

Para rir e refletir

– Com certeza! Fique tranqüila.
Mais alguns minutos e...
– Doutor, estive pensando... O normal não seria um cocô mais pesado?
– Olhe, menina, vou lhe dizer o que realmente acontece. O problema é da cabeça. O cocô leve vem de seu cérebro.

***

Podemos enfatizar nesse episódio a impaciência do médico.

Não deveria estar presente num profissional de psiquiatria, treinado e muito bem pago para ouvir, ainda que, eventualmente, importunado pela clientela.

Psiquiatra sem paciência deve reciclar-se, revendo os fundamentos de sua especialidade.

Mais interessante, no caso, considerar a paciente.

Ela é o exemplo típico das fantasias geradas pela neurose, esse problema que costuma envolver pessoas demasiadamente preocupadas consigo mesmas.

A ansiedade é sua principal característica, levando-as a superestimar seus problemas e dificuldades, como quem usa óculos de grau mal ajustados.

O neurótico enxerga de forma "desfocada" as situações e as pessoas.

Alguns exemplos:

Riem para ele.
Julga que riem dele.

Não o cumprimentam, por distração.
Imagina desconsideração.

Recebe elogio sincero.
Enxerga bajulação.

Não se comunica.
Reclama que o ignoram.

Com semelhante visão, tem muita facilidade para sentir-se discriminado, isolado, injustiçado, perseguido, humilhado...
É dado a teorias conspiratórias, supondo que as pessoas tramam algo para prejudicá-lo.
Resvala com facilidade para a hipocondria, preocupando-se até com a consistência de seus dejetos.

***

Há duas realidades:

- O que vemos.

- O que é.

A estabilidade íntima depende de nossa capacidade em aproximar uma da outra.
Quando menino, eu era míope, sem saber.
Na escola, sentava próximo ao quadro negro; no cinema, nos primeiros lugares, em face de minha limitação.

Para rir e refletir

Como a miopia é progressiva, vamos nos adaptando à redução da acuidade visual, sem perceber a própria deficiência.

A paisagem, para mim, já com três graus, era um borrão, aparentemente natural.

Quando, finalmente, consultei o oftalmologista e usei o primeiro par de óculos, foi um deslumbramento.

Encantei-me com a luminosidade dos objetos, a visão dos pássaros ao longe, os contornos da paisagem... Enxergava, sem problemas, o letreiro nos filmes, os registros na lousa...

Nossas neuroses situam-se como uma miopia da alma, impedindo-nos de enxergar as realidades existenciais, detendo-nos em perturbadoras fantasias, a partir de meros borrões.

***

A maneira como enxergamos o mundo é decisiva em relação à própria saúde, física e psíquica.

A visão desfocada, que caracteriza o comportamento neurótico, é extremamente desajustante.

Por isso Jesus proclama, em *O Sermão da Montanha* (Mateus, 6:22-23):

São teus olhos a lâmpada do corpo.
Se os teus olhos forem bons, todo o teu corpo será luminoso.
Se, porém, os teus olhos forem maus, todo o teu corpo estará em trevas.

Para rir e refletir

Portanto, caso a luz que há em ti sejam trevas, que grandes trevas serão.

Para rir e refletir

Chá da meia-noite

Acontece algumas vezes comigo: Aplico o passe magnético em moribundos. Pouco depois, exalam a último suspiro.
Pois é! Morrem!
Companheiros dizem que meu passe é "o chá da meia noite": remete o degustador para o Além.
– Se eu estiver mal, não chamem o Richard! – advertem.
Brincadeiras à parte, há a velha questão,

Para rir e refletir

envolvendo o doente terminal, convocado às etéreas plagas, bilhete em mãos, pronto para o embarque.

É possível apressar a partida, usando recursos como o passe magnético?

O folclore do sertão nos diz que sim, apresentando-nos a figura do "ajudador".

Trata-se de alguém especializado na "incelência", o empenho de convencer o moribundo a soltar-se.

O "ajudador" emprega, em seu mister, cantos, ritos e rezas especiais.

O passe magnético, aplicado em clima de contrição, com evocação da proteção divina, é eficiente "incelência", a favorecer a ação de benfeitores espirituais que assistem os desencarnantes.

Geralmente, o paciente terminal tende a agarrar-se ao corpo depauperado, prolongando a agonia. Devemos conversar com ele, ao aplicarmos o magnetismo, procurando fazê-lo sentir que não está só, que há o amparo espiritual, que seus sofrimentos terão fim, que a vida continua...

À medida que consigamos dar-lhe alguma segurança, ele se soltará mais facilmente, e o desencarne acontecerá sem delongas, facilitando a ação dos benfeitores espirituais.

***

O problema maior dos que partem são os que ficam.

Os familiares, não raro em desespero, cercam o

leito, em ardentes orações, implorando a complacência divina.

Não conseguem encarar a separação.

Em nenhuma outra situação se evidenciam, de forma tão dramática, nossas velhas tendências egocêntricas.

Todos pensam em si, na sua perda pessoal.

Esquecem o enfermo, em quem pesam os anos e as dores, para o qual a morte será abençoada libertação.

Produzem a chamada "teia de retenção".

Sustentam, magneticamente, com sua inconformação, o moribundo.

Não evitam a morte.

Prolongam a agonia.

O paciente, que poderia libertar-se em alguns minutos, levará horas, ou dias, em sofrimentos desnecessários.

Há exemplos variados, envolvendo pessoas ilustres. Não obstante seu valor, experimentam agonia prolongada, em face da "teia de retenção", sustentada por milhares de beneficiários de sua generosidade. Isso porque eles não conseguem encarar com serenidade o retorno do benfeitor à vida espiritual.

Nesses casos, os "ajudadores" do Além costumam usar interessante recurso:

Promovem, com passes magnéticos, uma recuperação artificial do paciente. Melhora, recobra a lucidez, revela promissora recuperação.

Os retentores suspiram, aliviados, relaxam, vão descansar...

Para rir e refletir

Os mentores espirituais aproveitam a pausa na "teia de retenção", e em breves momentos o moribundo exala o último suspiro.

Muitos se revoltam:

– Pensávamos que Deus ouvira nossas orações! Ele nos enganou...

Certa feita, conversei com um médico, pertencente à equipe dos "anjos do asfalto", que atende acidentados, na Via Dutra, eixo Rio–São Paulo.

Comentou que são comuns ocorrências dessa natureza. O paciente com traumatismo craniano, "mais para lá do que para cá", resiste enquanto há familiares e amigos por perto, em correntes de oração, a vibrarem em favor de sua recuperação.

Com o passar do tempo, o pessoal vai se afastando. Ficam apenas os mais chegados. De repente, o paciente parece melhorar. Os familiares respiram, aliviados, relaxando a vigília. Então ocorre a morte.

Essa situação repete-se com tanta freqüência que o povo costuma dizer:

– Foi a melhora da morte. Melhorou para morrer! Isso mesmo!

Melhorou para afastar familiares que estavam retardando o passageiro do Além.

***

Com a Doutrina Espírita aprendemos a ser "ajudadores", jamais "retentores". Exercitamos a "incelência" ideal, que nos habilita a enfrentar com serenidade os desafios da Terra e as perplexidades do Além:

A oração e a submissão à vontade de Deus.

Para rir e refletir

BIBLIOGRAFIA DO AUTOR

01 -- PARA VIVER A GRANDE MENSAGEM   1969
Crônicas e histórias.
Ênfase para o tema Mediunidade.
Editora: FEB

02 -- TEMAS DE HOJE, PROBLEMAS DE SEMPRE   1973
Assuntos de atualidade.
Editora: Correio Fraterno do ABC

03 -- A VOZ DO MONTE   1980
Comentários sobre "O Sermão da Montanha".
Editora: FEB

04 -- ATRAVESSANDO A RUA   1985
Histórias.
Editora: IDE

05 -- EM BUSCA DO HOMEM NOVO   1986
Parceria com Sérgio Lourenço
e Therezinha Oliveira.
Comentários evangélicos e temas de atualidade.
Editora: EME

06 -- ENDEREÇO CERTO   1987
Histórias.
Editora: IDE

07 -- QUEM TEM MEDO DA MORTE?   1987
Noções sobre a morte e a vida espiritual.
Editora: CEAC

08 -- A CONSTITUIÇÃO DIVINA   1988
Comentários em torno de "As Leis Morais",
3a. parte de O Livro dos Espíritos.
Editora: CEAC

09 – UMA RAZÃO PARA VIVER 1989
   Iniciação espírita.
   Editora: CEAC

10 – UM JEITO DE SER FELIZ 1990
   Comentários em torno de
   "Esperanças e Consolações",
   4a. parte de O Livro dos Espíritos.
   Editora: CEAC

11 – ENCONTROS E DESENCONTROS 1991
   Histórias.
   Editora: CEAC

12 – QUEM TEM MEDO DOS ESPÍRITOS? 1992
   Comentários em torno de *"Do Mundo Espírita e dos Espíritos", 2a. parte de* O Livro dos Espíritos.
   Editora: CEAC

13 – A FORÇA DAS IDÉIAS 1993
   Pinga-fogo literário sobre temas de atualidade.
   Editora: O Clarim

14 – QUEM TEM MEDO DA OBSESSÃO? 1993
   Estudo sobre influências espirituais.
   Editora: CEAC

15 – VIVER EM PLENITUDE 1994
   Comentários em torno de *"Do Mundo Espírita e dos Espíritos", 2a. parte de* O Livro dos Espíritos.
   Seqüência de Quem Tem Medo dos Espíritos?
   Editora: CEAC

16 – VENCENDO A MORTE E A OBSESSÃO 1994
   Composto a partir dos textos de Quem Tem Medo da Morte? e Quem Tem Medo da Obsessão?
   Editora: Pensamento

Para rir e refletir

17 – TEMPO DE DESPERTAR 1995
Dissertações e histórias sobre temas de atualidade.
Editora: FEESP

18 – NÃO PISE NA BOLA 1995
Bate-papo com jovens.
Editora: O Clarim

19 – A PRESENÇA DE DEUS 1995
*Comentários em torno de "Das Causas Primárias",
1a. parte de O Livro dos Espíritos.*
Editora: CEAC

20 – FUGINDO DA PRISÃO 1996
Roteiro para a liberdade interior.
Editora: CEAC

21 – O VASO DE PORCELANA 1996
*Romance sobre problemas existenciais, envolvendo
família, namoro, casamento, obsessão, paixões...*
Editora: CEAC

22 – O CÉU AO NOSSO ALCANCE 1997
Histórias sobre "O Sermão da Montanha"
Editora: CEAC

23 – PAZ NA TERRA 1997
A vida de Jesus, do nascimento ao início do apostolado.
Editora: CEAC

24 – ESPIRITISMO, UMA NOVA ERA 1998
Iniciação Espírita
Editora: FEB

25 – O DESTINO EM SUAS MÃOS 1998
*Histórias e dissertações sobre temas
de atualidade.*
Editora: CEAC

26 – LEVANTA-TE! 1999
A vida de Jesus, primeiro ano de apostolado.
Editora: CEAC

27 – LUZES NO CAMINHO 1999
Histórias da História, à luz do Espiritismo.
Editora: CEAC

28 – TUA FÉ TE SALVOU! 2000
A vida de Jesus, segundo ano de apostolado.
Editora: CEAC

29 – REENCARNAÇÃO – TUDO O QUE VOCÊ 2000
PRECISA SABER
Perguntas e respostas sobre a reencarnação.
Editora: CEAC

30 – NÃO PEQUES MAIS! 2001
A vida de Jesus, terceiro ano do apostolado.
Editora: CEAC

31 – PARA RIR E REFLETIR 2001
Histórias bem-humoradas, analisadas à luz da
Doutrina Espírita.
Editora: CEAC

Outros Produtos **CEAC Editora**

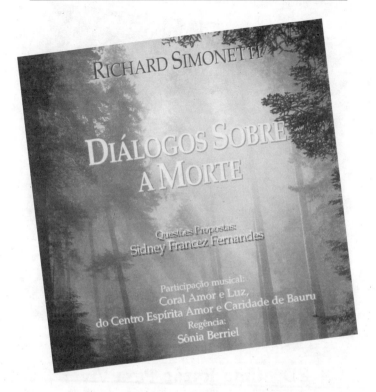

CD - Diálogos Sobre a Morte

Richard Simonetti

A existência humana.
O retorno à vida espiritual.
Desolação dos que ficam.
O consolo da fé.
O contato com os mortos.

O questionamento da morte.
Culto aos mortos.
Depressão e suicídio.
Morte de crianças.
Preparo para a morte.

CD - **Uma Razão Para Viver**

Richard Simonetti

Como
- Vencer a doença.
- Sustentar o bom humor.
- Harmonizar o lar.
- Evitar desajustes.
- Cultivar o otimismo.
- Receber auxílio do Céu.
- Superar angústias e tristezas.

Usando da clareza e objetividade que marca suas exposições, Richard Simonetti aborda importantes temas de atualidade, com exemplos e histórias que favorecem o entendimento e sugestões oportunas para uma existência produtiva e feliz.

Vídeo - As Medidas da Felicidade

Richard Simonetti

A partir da questão nº 922 de *O Livro dos Espíritos*, Richard Simonetti desenvolve oportunos comentários, apontando os rumos que devemos trilhar, a fim de que sigamos felizes pelos caminhos da Vida.

No contexto da palestra, o encontro maravilhoso de Jean Valjean com Monsenhor Benvindo, do livro *Os Miseráveis*, destacando como a maldade é sempre derrotada pela bondade, como os corações mais empedernidos são sensibilizados pela força irresistível do Bem.

Vídeo - Dinâmica do Perdão

Richard Simonetti

A recomendação de Jesus a respeito do perdão incondicional, o perdoar setenta vezes sete, tem sido encarado como exercício de religiosidade. Nesta palestra, Richard Simonetti demonstra que o perdão é mero exercício de bom senso. Indispensável relevar os males que nos façam, como recurso indispensável em favor de nosso bem-estar.

Envolvendo histórias e situações cômicas, a palestra prende nossa atenção até a última palavra, com conceitos bem humorados e edificantes.

Para rir e refletir

Vídeo - **Felicidade Conjugal**

Richard Simonetti

Motivações para o casamento...
Os cônjuges na vida espiritual...
Barreiras vibratórias...
Maridos machistas...
Suportar e harmonizar...
Almas gêmeas...
Famílias espirituais...
Amor verdadeiro...

Com comentários espirituosos bem humorados Richard Simonetti aborda os problemas conjugais, sugerindo os caminhos ideais para um casamento duradouro e feliz.

Vídeo - **Consciência Espírita**

Richard Simonetti

Enfocando um tema básico - a mentira, Richard Simonetti demonstra que o grande desafio para aquele que queira vivenciar os princípios espíritas cristãos, conservando a consciência em paz, está em cultivar fidelidade à Verdade.
Com exemplos marcantes e histórias sugestivas, enfatiza que sem confiança, sustentada por uma postura de sinceridade e autenticidade, fica impossível o perfeito entendimento entre as pessoas, em todos os níveis do relacionamento social, principalmente o lar.

Para rir e refletir

Vídeo - **A Conquista da Serenidade**

Richard Simonetti

Richard Simonetti demonstra como podemos enfrentar as situações do dia-a-dia de forma ajustada e feliz, a partir das propostas contidas na *Oração da Serenidade*.

Senhor, dá-me força para suportar com serenidade o que não pode nem deve ser modificado...

Dá-me coragem para modificar o que pode e deve ser modificado...

E dá-me discernimento para distinguir entre uma e outra.

Vídeo - **Dinâmica da Caridade**

Richard Simonetti

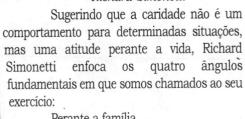

Sugerindo que a caridade não é um comportamento para determinadas situações, mas uma atitude perante a vida, Richard Simonetti enfoca os quatro ângulos fundamentais em que somos chamados ao seu exercício:

Perante a família...
Perante a comunidade...
Perante o necessitado...
Perante nós mesmos...

Sua exposição exposição lança preciosas luzes sobre a máxima de Allan Kardec "Fora da Caridade não há Salvação". Transcendendo seu sentido escatológico, mostra-nos uma visão mais ampla da caridade, como o grande instrumento em favor de uma existência produtiva e feliz.

Para rir e refletir

Vídeo - **Esclarecendo Dúvidas I**

Richard Simonetti

Em sua linguagem acessível e atraente, Richard Simonetti comenta temas de atualidade, destacando:

Anjos	Revelações
Mediunidade	Sonhos
Sensibilidade	Homossexualismo
Obsessão	Embriões
Perispírito	Destino
Violência	Carma
Depressão	Evolução

Vídeo - **Esclarecendo Dúvidas II - Morte**

Richard Simonetti

Apego ao corpo
Laços afetivos no além
Sonhos espirituais
Dificuldades para despertar
Morte de crianças
Morte em acidentes
Metempsicose
Umbral
Ajuda Espiritual
Reencontro com familiares
Cremação e doação de órgãos
Medo dos espíritos

Estes e outros assuntos relacionados com a morte, são abordados por Richard Simonetti, com o propósito de mostrar uma visão realística a respeito da grande transição, ajudando-nos a superar dúvidas e temores.

Para rir e refletir

Vídeo - **Hernani Guimarães Andrade**

Hernani Guimarães Andrade responde perguntas sobre Reencarnação, formuladas por Richard Simonetti e Carlos Eduardo Noronha Luz.

TVP, Regressão de Memória, Estudos Científicos, Marcas de Nascença, Ressurreição de Mortos, Cristianismo, População, Família, Intermissão, Homossexualismo e outros temas relacionados com o assunto.

Hernani Guimarães Andrade é autor de livros e pesquisas sobre reencarnação e de outros importantes trabalhos científicos publicados no Brasil e no exterior.

Vídeo Espírita

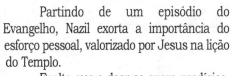

Nazil Canarin Jr.

Partindo de um episódio do Evangelho, Nazil exorta a importância do esforço pessoal, valorizado por Jesus na lição do Templo.

Exalta que o doar-se opera prodígios, promovendo a transformação íntima.

Para rir e refletir | 175

> **Vídeo - Quem tem Medo da Morte?**

Richard Simonetti

Preparo para a morte...
Morte e desligamento...
A importância da oração...
A família diante do morto...
Velório...
Cremação...
Doação de órgãos...
Cemitério...
Aceitação da morte...

Estes e outros temas envolvendo a morte são abordados de forma clara e objetiva, com a projeção de slides que ilustram o processo da morte.

Centenas de apresentações em todo o Brasil e no exterior atestam a receptividade desta palestra que enfoca um tema sempre atual - a morte.